JN074520

はじめに

　本書は、国家資格「ファイナンシャル・プランニング技能検定」2級（学科試験）の合格をめざす方のために、"試験の達人"ならば、こうしたノートを作って試験に臨むであろうと想定して制作したものです。

「FP技能検定」は、学科試験＋実技試験という2種類の試験で構成されます。このうち学科試験の合格率は毎回かなり上下することもありますが、概ね20〜50％程度となっています。

　こうしたレベルの試験で大切なことは、何よりもまず①基本をしっかりと覚えること、そして②覚えた知識を間違いなく正解に結びつけ取りこぼしのないようにすること、の2点です。"試験の達人"は、①のために最低限覚えておかなくてはいけないポイントをノートの左のページにまとめました（まとめたポイントはすべて大事なのですが、中でも特に試験に出やすい点を赤字にしました）。そして、②のために関連する問題を右のページに掲載しました。重要ポイントが具体的にどのような形で出題されているのかを確認するためです。また、今回の問題では「○」の文章が、実際の試験では誤りの箇所を設けて「×」の文章で出題されることもあります。その場合、どういうふうに変えて誤りにするのかも探ってみました。

　もとよりこれは重要ポイントのみ抜き書きしたノートですから、各事項の詳しい説明は省略しています。より詳しく知りたいとき、確認したいときには、FP関連の参考書を参照してください。

　一にも二にも、基本の習得→問題による演習→復習・確認の繰り返しこそ、試験合格への早道です。そのために、このノートをフル活用してください。

　2024年5月

FP技能検定対策研究会

「ファイナンシャル・プランニング技能検定」について

●ファイナンシャル・プランニング技能検定とは

「ファイナンシャル・プランニング技能検定」（FP技能検定）は、職業能力開発促進法に基づき、ファイナンシャル・プランニングの技能を国として証明する国家検定制度です。この技能検定の合格者に付与される「ファイナンシャル・プランニング技能士」（FP技能士）は国家資格であり、技能検定合格者しか名乗れない名称独占資格（永久資格）です。

　FP技能検定は2002年度から実施されているもので、厚生労働省から指定試験機関の指定を受けた特定非営利活動法人日本ファイナンシャル・プランナーズ協会（日本FP協会）と社団法人金融財政事情研究会が試験を実施しています。

　日本FP協会では、協会独自のFP資格である"AFP"認定の要件として、4つの要件（教育、試験、経験、倫理）を満たすことを義務づけていますが、このうちの「試験」に当たる部分としてFP技能検定（2級）を位置づけています。また、金融財政事情研究会は従来の「金融渉外技能審査」（FP認定試験）に代わる形でFP技能検定を実施しています。

〈参考〉FP技能士とCFP®資格・AFP資格

FP資格の種類		CFP®	AFP	FP技能士
資格分類		民間資格 （国際資格）	民間資格 （国内資格）	国家資格
資格認定機関		NPO法人日本FP協会		国（厚生労働省）
4Eの有無	教育 （Education）	認定研修の修了、 継続教育の義務		―
	試験 （Examination）	指定試験 （FP技能検定を含む）の合格		FP技能検定の合格
	経験 （Experience）	FP実務の実践		金融サービス全般の 実務経験年数
	倫理 （Ethics）	倫理規程の遵守、 約定書の署名と本人確認		―
資格更新の有無		2年毎に更新が必要		更新は不要

CFP®、CERTIFIED FINANCIAL PLANNER®およびサーティファイド　ファイナンシャル　プランナー®は、米国CFPボードの登録商標で、ライセンス契約の下にNPO法人日本FP協会が使用を認めています

●FP技能検定の概要

(1) 試験の概要

　FP技能検定は、１級、２級、３級の等級に分かれています。それぞれ学科試験と実技試験が行われ、それぞれ別に合否が判定されます。

・学科試験または実技試験の合格者…一部合格書が発行されます。

・学科試験と実技試験の両方の合格者…合格証書が発行されて「FP技能士」を名乗ることができます。

(注)一部合格者には試験免除制度があり、それぞれの試験が免除されます（試験免除期限は合格した試験の翌々年度まで）。

(2) 試験科目、出題形式、合格基準、試験範囲

　学科試験は日本FP協会と金融財政事情研究会で同一の試験問題ですが、実技試験は試験範囲が異なる業務別の選択試験となっています。

　２級試験の場合、学科試験はマークシート方式（四答択一式）で６科目の試験範囲から60問出題され、60％以上の正解で合格となります（日本FP協会、金融財政事情研究会とも共通）。

　実技試験は記述式で、択一、語群選択、空欄記入、計算問題などが組み合わされて出題されます。日本FP協会では40問の出題、金融財政事情研究会では事例形式５題(15問）の出題で、60％以上の正解で合格となります（次ページ図表２〜４参照）。

(3) 受検資格

　２級の受検資格は、①FP業務に関し２年以上の実務経験を有する者、②日本FP協会が認定するAFP認定研修の修了者、③３級の合格者となっています。

　実務経験とは、資産の設計・運用・管理およびこれらに係わる相談業務、コンサルティング業務に携わった経験をいいます。かなり抽象的な定義ですので、具体的な受検資格の有無については各試験実施機関にお問い合せください。

　実務経験がなく、日本FP協会認定研修も受講しない場合には、３級からの受検となります。３級の受検資格は、FP業務に従事している者または従事しようとする者となっていますので、実質的に誰でも受検することができます。

(4) 複数試験機関方式

　FP技能検定は、日本FP協会と金融財政事情研究会の２機関が実施します。両者とも2024年度までは年３回（５月、９月、１月）、同じ日の同じ時間帯に実施されます。そして、午前の学科試験は両者とも同一問題が出題され、午後の実技試験はそれぞれの業務別試験となります。

　なお、2025年度からはCBT方式の試験に移行します（次ページ図表１の注記参照）。

図表 1．2 級FP技能検定の概要（2024年度）

	出題形式	試験時間	合格基準	実技試験の選択科目	実施機関
学科試験	マークシート方式（四答択一式60問）	120分	満点の60％以上	—	日本FP協会 金融財政事情研究会
実技試験	記述式（択一、語群選択、空欄記入、計算など）	90分	満点の60％以上（各問の配点は非公開）	資産設計提案業務	日本FP協会
				個人資産相談業務 中小企業資産相談業務 生保顧客資産相談業務 損保顧客資産相談業務	金融財政事情研究会

※2025年度からは、日本FP協会の実施試験、金融財政事情研究会の実施試験とも、CBT試験に移行します。出題形式や合格基準に変更はありませんが、CBT試験になると、紙ではなく、テストセンターのパソコンで解答する形式となり、受験生ごとに試験問題が異なるようになります。

　試験は通年で行われ、受検生が希望する日時に受けることができます（一部休止期間を除く）。会場は、全国のテストセンターの中から、受検生が希望するセンターで受験することになります。

　なお、金融財政事情研究会では、「学科」および「実技試験」の「個人資産相談業務」「中小企業主資産相談業務」の３科目についてのみ、従来の紙方式での試験を、2025年５月試験としてCBT試験と並行実施します（同試験をもって２級の紙方式の試験は終了）。

図表2．2級FP技能検定・学科試験の試験科目

A　ライフプランニングと資金計画	B　リスク管理	C　金融資産運用
1．ファイナンシャル・プランニングと倫理 2．ファイナンシャル・プランニングと関連法規 3．ライフプランニングの考え方・手法 4．社会保険 5．公的年金 6．企業年金・個人年金等 7．年金と税金 8．ライフプラン策定上の資金計画 9．中小法人の資金計画 10．ローンとカード 11．ライフプランニングと資金計画の最新の動向	1．リスクマネジメント 2．保険制度全般 3．生命保険 4．損害保険 5．第三分野の保険 6．リスク管理と保険 7．リスク管理の最新の動向	1．マーケット環境の理解 2．預貯金・金融類似商品等 3．投資信託 4．債券投資 5．株式投資 6．外貨建商品 7．保険商品 8．金融派生商品 9．ポートフォリオ運用 10．金融商品と税金 11．セーフティネット 12．関連法規 13．金融資産運用の最新の動向
D　タックスプランニング	E　不動産	F　相続・事業承継
1．わが国の税制 2．所得税の仕組み 3．各種所得の内容 4．損益通算 5．所得控除 6．税額控除 7．所得税の申告と納付 8．個人住民税 9．個人事業税 10．法人税 11．法人住民税 12．法人事業税 13．消費税 14．会社、役員間および会社間の税務 15．決算書と法人税申告書 16．諸外国の税制度 17．タックスプランニングの最新の動向	1．不動産の見方 2．不動産の取引 3．不動産に関する法令上の規制 4．不動産の取得・保有に係る税金 5．不動産の譲渡に係る税金 6．不動産の賃貸 7．不動産の有効活用 8．不動産の証券化 9．不動産の最新の動向	1．贈与と法律 2．贈与と税金 3．相続と法律 4．相続と税金 5．相続財産の評価（不動産以外） 6．相続財産の評価(不動産) 7．不動産の相続対策 8．相続と保険の活用 9．事業承継対策 10．事業と経営 11．相続・事業承継に関する最新の動向

●学科試験の出題傾向

	2021年			2022年			2023年			2024年	過去10回合計	分野別出題率
	1月	5月	9月	1月	5月	9月	1月	5月	9月	1月		
A ライフプランニングと資金計画											100	100%
1．ファイナンシャル・プランニングと倫理											0	0％
2．ファイナンシャル・プランニングと関連法規	1	1	1	2	1	1	1	1	1	1	11	11%
3．ライフプランニングの考え方・手法	1	1	2		1		1		1	1	8	8％
4．社会保険	2	2	2	2	2	2	3	3	2	1	21	21%
5．公的年金	3	2	2	1	2	2	2	1	2	2	19	19%
6．企業年金・個人年金等	1	1	1	1	2	2	1	1	1	1	12	12%
7．年金と税金						1		1	1	1	4	4％
8．ライフプラン策定上の資金計画	1	2		1	2	1		1	1	1	12	12%
9．中小法人の資金計画	1	1		1	1	1	1	1	1	1	9	9％
10．ローンとカード				1	1			1		1	4	4％
11．ライフプランニングと資金計画の最新の動向											0	0％
B リスク管理											100	100%
1．リスクマネジメント											0	0％
2．保険制度全般	1			1			1		1	1	5	5％
3．生命保険	4	4	5	4	4	6	4	5	5	4	45	45%
4．損害保険	4	4	3	3	4	2	3	3	2	3	31	31%
5．第三分野の保険	1	1	1	1	1	1	1	1	1	1	10	10%
6．リスク管理と保険		1	1	1	1	1	1	1	1	1	9	9％
7．リスク管理の最新の動向											0	0％
C 金融資産運用											100	100%
1．マーケット環境の理解	2	1		1	1	1		1	1	1	9	9％
2．預貯金・金融類似商品等	1	1	1	1	1			1		1	7	7％
3．投資信託	1	1	1	2	1	1	1	1	1	1	11	11%
4．債券投資	1	1	1	2	1	2	1	1	1	1	12	12%
5．株式投資	1	1	1	2	1	2	2	2	2	2	16	16%
6．外貨建商品	1		1		1		1	1	1		6	6％
7．保険商品											0	0％
8．金融派生商品		1	1	1		1			1	1	6	6％
9．ポートフォリオ運用	1	1	1	1	1	1	1	2	1	1	11	11%
10．金融商品と税金	1	1		1	1	1	1	1	1	1	9	9％
11．セーフティネット				1	1	1	1	1		1	6	6％
12．関連法規	1	1		1			1	1			5	5％
13．金融資産運用の最新の動向		1							1		2	2％
D タックスプランニング											100	100%
1．わが国の税制							1		1	1	3	3％
2．所得税の仕組み	1	1	1			2		1	1	1	8	8％
3．各種所得の内容	1		1	1		1	1	1	1	1	8	8％
4．損益通算	1	1	1	1	1	1	1	1	1	1	10	10%
5．所得控除	1	1	1	1	1	1	1	1	1	1	10	10%
6．税額控除	1	1	1	1	1	1		1	1		8	8％
7．所得税の申告と納付	1	1		1		1		1	1	1	7	7％
8．個人住民税					1						1	1％
9．個人事業税		1									1	1％
10．法人税	1	2	2	1	1	2	1	2	2	2	16	16%
11．法人住民税											0	0％
12．法人事業税											0	0％
13．消費税	1	1	1	1	1	1	1	1	1	1	10	10%
14．会社、役員間および会社間の税務	1	1		1	1	1	1	1	1	1	9	9％
15．決算書と法人税申告書	1		1	1	1	1	1	1	1	1	9	9％
16．諸外国の税制度											0	0％
17．タックスプランニングの最新の動向											0	0％

	2021年			2022年			2023年			2024年	過去10回合計	分野別出題率
	1月	5月	9月	1月	5月	9月	1月	5月	9月	1月		
E 不動産											100	100%
1．不動産の見方	2	1	1	2	2	2	2	1	2	1	16	16%
2．不動産の取引	2	2	3	2	2	2	3	3	3	2	24	24%
3．不動産に関する法令上の規制	3	3	3	2	2	3	2	2	2	3	25	25%
4．不動産の取得・保有に係る税金	1	1	1	1	1	1	1	1	1	1	10	10%
5．不動産の譲渡に係る税金	1	2	1	2	1	1	1	1	1	2	13	13%
6．不動産の賃貸			1					1			2	2%
7．不動産の有効活用	1	1		1	1	1	1				6	6%
8．不動産の証券化						1		1	1	1	4	4%
9．不動産の最新の動向											0	0%
F 相続・事業承継											100	100%
1．贈与と法律	1	1	1	1	2	1	1	1	1	1	11	11%
2．贈与と税金	2	1	1	2	2	1	2		2	2	15	15%
3．相続と法律	2	3	2	3	2	1	3	3	3	1	23	23%
4．相続と税金		1	2	1	1	1	2	2	2	2	14	14%
5．相続財産の評価（不動産以外）	1		1	1	1	2		2		1	9	9%
6．相続財産の評価（不動産）	2	3	1	2	1	2	1	1	1	1	15	15%
7．不動産の相続対策	1		1				1				3	3%
8．相続と保険の活用		1				0.5					1.5	1.5%
9．事業承継対策	1					0.5		1		1	3.5	3.5%
10．事業と経営			1		1	1			1	1	5	5%
11．相続・事業承継に関する最新の動向											0	0%
計	60	60	60	60	60	60	60	60	60	60	600	

> ### A．ライフプランニングと資金計画

「ライフプランニングと資金計画」では、「ライフプランニングの考え方・手法」「社会保険」「公的年金」「ライフプラン策定上の資金計画」など幅広い分野からまんべんなく出題されています。なかでも中心となるのは社会保険・公的年金で、最近の改正事項についての出題率も高くなっています。

　また、10問中少なくとも1問程度はFPの倫理、関連法規に関する問題が出題されます。

　社会保険分野からは、公的年金の老齢給付・遺族給付、健康保険の給付内容、雇用保険・労災保険の概要など、幅広く出題されていますが、基本的な知識をしっかりと整理しておけば答えられる問題です。全体的には「老後の生活設計」に関連する出題が多い傾向にあります。

> ### B．リスク管理

「リスク管理」では、生命保険分野と損害保険分野から出題されますが、出題比率は各回ごとに多少ばらつきがあります。また、1問の4つの選択肢の中に両分野が混在している問題も、わずかですがみられます。第三分野については独立して1問を構成していることもありますが、他の分野と混在している1問の中で選択肢の1つとなっていることもあります。

　生命保険分野からの出題は3〜6問の間ですが、ベーシックな商品知識や税務・経理処理などを問うものが多いといえます。ただし、法人の経理処理関連では難問も出題されています。損害保険分野からの出題は2〜4問程度ですが、各種保険商品において保険金支払いの対象になるかどうかといったオーソドックスな出題や税務・経理処理に関連する出題が中心です。両分野とも、1〜2問は「リスク管理と保険」として応用的な問題が出題されています。

> ### C．金融資産運用

「金融資産運用」では、マーケット全般、株式、債券、投資信託を中心に、預貯金、外貨建て商品などほぼすべてのジャンルから出題されています。また、ポートフォリオ運用についての問題も定例化しており、期待収益率、標準偏差、相関係数などに関してポイントを押さえておく必要があります。

　また、セーフティネットや金融サービス提供法（旧名称：金融商品販売法）、消費者契約法などについても出題されることがあります。FP業務に直接関係のある最新金融動向についても出題されることがあります。

D．タックスプランニング

「タックスプランニング」では、ライフプランニングで重要となる所得税が出題の中心です。

　学科試験では、所得税７割、住民税、消費税および法人税３割の配分で出題されています。専門的な問題も出題されていますが、基本的な事項がわかれば正解できる程度の水準です。

　所得税の一連の計算の流れ、給与所得、退職所得、譲渡所得、一時所得、雑所得（特に公的年金等）などの代表的所得の特徴と計算、損益通算の特徴、所得控除の代表的なもの（医療費控除、扶養控除、配偶者控除、配偶者特別控除など）はしっかり理解し、プラスアルファで居住用財産に関する特例（住宅ローン控除、買換えの特例など）を押さえておくとよいでしょう。また、法人税については「会計上の利益」と「税務上の所得」の違いや、役員関連がポイントとなります。会社法関連の出題もされています。

　消費税については非課税となる代表的なものや届出、課税事業となる要件、簡易課税制度や申告納付の基本事項を理解することが大事です。

E．不動産

「不動産」の分野は、実務面で欠かすことのできない知識からの出題が特に目立ちます。不動産の運用設計を行うのに不可欠な知識である「不動産の権利関係の調査」「借地借家法」「建築基準法」「不動産に関する税金」が出題され、「不動産の有効活用」や「不動産投資の判断手法」も毎回のように出題されています。

F．相続・事業承継

「相続・事業承継」では、相続人、法定相続分や遺産分割などの民法における「相続と法律」、相続税の計算や延納・物納などの「相続と税金」からの出題が中心となります。また、宅地の評価を中心にした財産評価に関する問題や取引相場のない株式(自社株)の評価など事業承継に関する問題も出題されています。贈与については数年前から出題数が増えており、２問程度ずつ、法律・税金両面から基本的な問題が出題されています。

　相続時精算課税制度に関する問題もよく出題されていますので、正確な知識を身につけておく必要があります。

● 2 級FP技能検定・試験結果

実施時期	試験科目		受検申請者数	受検者数（A）	合格者数（B）	合格率（B／A）
2022年5月	学科	金財	47,971	36,863	8,152	22.11%
		日本FP協会	34,877	27,678	13,617	49.20%
	実技	個人資産相談業務	16,701	12,319	3,874	31.44%
		資産設計提案業務	30,454	23,237	14,432	62.11%
2022年9月	学科	金財	44,968	34,872	5,495	15.75%
		日本FP協会	31,989	26,265	11,074	42.16%
	実技	個人資産相談業務	15,634	11,716	4,867	41.54%
		資産設計提案業務	27,115	21,516	12,167	56.55%
2023年1月	学科	金財	47,555	36,713	10,676	29.07%
		日本FP協会	37,352	29,466	16,537	56.12%
	実技	個人資産相談業務	16,943	12,487	4,257	34.09%
		資産設計提案業務	31,645	23,944	14,283	59.53%
2023年5月	学科	金財	35,898	27,239	4,772	17.51%
		日本FP協会	30,511	24,727	12,072	48.82%
	実技	個人資産相談業務	13,187	9,827	3,908	39.76%
		資産設計提案業務	27,999	22,167	12,991	58.61%
2023年9月	学科	金財	36,884	28,094	6,393	22.75%
		日本FP協会	29,220	23,917	12,804	53.54%
	実技	個人資産相談業務	12,444	9,065	3,750	41.36%
		資産設計提案業務	26,198	20,892	10,867	52.02%
2024年1月	学科	金財	37,990	29,226	3,881	13.27%
		日本FP協会	33,648	26,563	10,360	39.00%
	実技	個人資産相談業務	13,675	10,036	3,725	37.11%
		資産設計提案業務	31,907	24,632	15,055	61.12%

＊最新の試験の結果は、金財・日本FP協会のHPで確認できます。

●FP技能検定の問合せ先（試験実施機関）
NPO法人日本ファイナンシャル・プランナーズ協会　試験事務課
　　TEL　03-5403-9890　　　　https://www.jafp.or.jp/
　一般社団法人金融財政事情研究会　検定センター
　　TEL　03-3358-0771　　　　https://www.kinzai.or.jp/

本書の使い方

●各項目の構成

各項目は、基本的に次のように構成されています（一部例外あり）。

(1) 左のページ

最低限覚えておきたいポイントをまとめています。ここで、まとめたポイントはすべて大事なのですが、中でも特に試験に出やすい点を赤字にしています。

また、出題可能性の高さに応じて★印をつけました。

★★★：毎回、出題される可能性が非常に高い。

★★　：毎回ではないが、出題される可能性が高い。

★　　：時々出題される可能性がある。

(2) 右のページ

「右のページ」にまとめたポイントに関連した問題を掲載しています。

重要ポイントや関連事項が実際の試験で具体的にどのような形で出題されるのかを確認してください。チェックポイントで、誤りやすい点、気を付けておかなければならない点を説明しています。

●試験問題における復興関連税制の取扱いについて

試験で、所得税の税率等に関係する問題が出題される場合、復興特別所得税を考慮する場合と考慮しない場合があります。対応としては、重要な所得税率については、復興特別所得税を含まない税率をしっかりと覚えて、あとは所得税については2013年から25年間は2.1％の復興特別所得税が加算される、ということを理解しておけばよいと思われます。

〈復興特別所得税〉

個人で所得税を納める義務のある人は、2013年から2037年までの各年分につき、復

興特別所得税（基準所得税額×2.1％）を併せて納める必要があります。例えば、預貯金の利子に対しては、所得税15％＋住民税5％＝20％の税率で源泉分離課税されますが、復興特別所得税を考慮すると、所得税15.315％（15％×1.021）＋住民税5％＝20.315％の税率となります。

A ライフプランニングと資金計画

1. ファイナンシャル・プランニングと倫理・関連法規

| 出題傾向 | ●FPと倫理・関連法規については、1問出題される可能性がある。
●日本FP協会実施の実技試験でも出題される可能性がある。 |

●FPとは ── ファイナンシャル・プランニング（Financial Planning） ── 両方の意味で
　　　　 └─ ファイナンシャル・プランナー（Financial Planner） ── 使われる

●FPの定義●

「顧客の収入や資産・負債など、顧客に対するあらゆるデータを集め、要望や希望・目標を聞き、現状を分析した上で、それに基づいて顧客の**ライフプラン上の目標**を達成するために、必要に応じて弁護士、税理士等の専門家の協力を得ながら、貯蓄計画、保険・投資対策、税金対策など**包括的な**顧客の資産設計を立案し、それを実行していくための**手助け**を行う専門家」

●ライフプランの定義●

①ライフデザイン＝個人の生き方（結婚する・しない、独立する・しない、転職する・しないなど）
②FP上のライフプラン＝ライフデザインを具体化・数値化した生涯生活設計

●FP業務と関連法規●

税理士法との関連	・**業として行う税務相談は、有償・無償を問わず、税理士でないと行うことができない** ＜例＞ ・個別具体的な税務相談や申告書の作成→税理士でないとダメ ・仮定の事例に基づく計算、一般的な税法の解説→税理士でなくてもOK
金融商品取引法との関連	・**有価証券や金融商品の価値等の分析に基づく投資判断について助言することは、金融商品取引業者（投資助言代理業、従来の投資顧問業者）でないと行うことができない** ＜例＞ ・業として行う有価証券などのポートフォリオ・プランニング→金融商品取引業の登録を受けていないとダメ ・景気動向、企業業績などの一般論についての情報提供や現在・過去における有価証券の価格を知らせる→金融商品取引業者でなくてもOK
弁護士法との関連	・**弁護士でない者は、報酬を得る目的で一般の法律事務を取り扱うことを業とすることができない** ＜例＞ ・遺言状の作成指導や遺産分割に関する具体的な法律判断→弁護士資格のないFPが行うと「一般の法律事務の取扱等の禁止」規定に抵触する（司法書士・行政書士であれば一部可能とする法律解釈もある）
保険業法との関連	・**保険の募集は保険募集人の登録を受けていないと行うことができない** ＜例＞ ・保険の募集や勧誘を行うこと→保険募集人でないとダメ ・生命保険の一般的な商品性と特徴を解説→保険募集人でなくてもOK

【問題1】　ファイナンシャル・プランニングとファイナンシャル・プランナーの職業倫理に関する次の記述のうち、最も適切なものはどれか。

1．より顧客満足度の高いプランニングを実現するため、顧客の収入、支出、資産などの情報（定量的情報）のみならず、顧客の価値観、希望や不安などの情報（定性的情報）も考慮に入れたプランニングに努めるべきである。
①

2．プランニングのための面談においては、要領よく短期間で情報収集を行わなければならないため、顧客との信頼関係の確立を意識する必要はない。
②

3．プランを実行する際に、顧客から手数料収入を得ることができない場合は、顧客利益の実現より、顧客以外から得るコミッション収入の獲得を優先させてもよい。
③

4．ファイナンシャル・プランナーがいったんプランを作成した後は、顧客を取り巻く環境の変化、税制・法律等の改正などに伴うプランの見直しは、ファイナンシャル・プランナーが行うべきではなく、顧客自身に任せなければならない。
④

①適切。専門知識だけではなく、顧客のあらゆるデータに基づくべきである。

②③④不適切。顧客のライフプラン上の目標の実現のための倫理を問われている。

正解　1

【問題2】　ファイナンシャル・プランナーの次の行為のうち、最も不適切なものはどれか。

1．税理士資格を有しないファイナンシャル・プランナーが、国税庁のホームページの「確定申告書等作成コーナー」を開き、友人に一般事例の入力方法を解説した。
①

2．生命保険募集人の登録を受けていないファイナンシャル・プランナーが、ライフプランの相談に来る顧客に対して、生命保険の募集・勧誘を目的とせず、参考のために生命保険の一般的な商品性と特徴を解説している。
②

3．金融商品取引業の登録を受けていないファイナンシャル・プランナーが、顧客と有償の投資コンサルティング契約を締結し、その契約に基づき、ファイナンシャル・プランナー自身が推奨する株式銘柄を記述した電子メールを、定期的に顧客あてに送信している。
③

4．弁護士資格を有しないファイナンシャル・プランナーが、友人からの遺産分割の相談に対し、民法の「相続人」と「法定相続分」の一般的な解説を行い、相続人間での話し合いが大切である旨を話した。
④

①②④適切。一般的な事例や用語の解説であれば、他士業等の職域に抵触しない。

③不適切。金融商品取引業の登録を受けていないFPは、具体的な株式銘柄を推奨することはできない。

正解　3

2. ライフプランの考え方・手法

出題傾向	●ライフイベント表、キャッシュフロー表、個人バランスシートの作成や6つの係数について1問出題される可能性がある。

●ライフプラン作成のツール●

ライフイベント表	・将来の予定・計画（イベント）を、時系列に表すもの ・ライフイベントごとの予算は「**現在価値**」で把握する
キャッシュフロー表	・将来の収支を予想し、表形式で長期的、かつ年単位の収支動向や貯蓄残高を表したもの ・必須項目は「収入（可処分所得）」「支出」「年間収支」「貯蓄残高」 ・**可処分所得＝年収－（所得税＋住民税＋社会保険料）** ・当該年の貯蓄残高＝前年末の貯蓄残高×（1＋運用利率）＋当該年の年間収支 ・将来の金額＝現在の金額×（1＋変動率）^{経過年数}
個人バランスシート	・ある時点での個人の資産と負債の状況を表したもの（時価で記載） ・キャッシュフロー表には反映されない資産構成等を知ることで、家計の問題点を把握する

●6つの係数●

　ライフプランニングやリタイアメントプランニングなどを行う場合に、6つの係数を使うと簡便に必要な額が算出される。

諸係数	どういうときに使うか	10年、2％の場合の係数
終価係数	現在の金額を複利運用した場合の将来の金額を求める	1.2190
現価係数	将来の目標金額を得るために現在必要な金額を求める	0.8203
年金終価係数	毎年一定金額を積み立てた時、将来いくらになるかを求める	10.9497
減債基金係数	将来の目標金額を達成するために、毎年いくらずつ積み立てればよいかを求める	0.0913
年金現価係数	将来の一定期間にわたり一定額を受け取るための現在必要な金額を求める	8.9826
資本回収係数	手持ちの資金を複利運用しながら、毎年いくら取り崩せるかを求める	0.1113

終価係数の使い方

・100万円を年利率2％で複利運用すると、10年後にはいくらになるか。
　1,000,000円×1.2190＝1,219,000円

現価係数の使い方

・10年後に100万円としたい。年利率2％で複利運用できるとした場合、今いくら預ければよいか。1,000,000円×0.8203＝820,300円

【問題３】 一般的なライフプランニングの手法、プロセスに関する次の記述のうち、最も適切なものはどれか。

1. ライフプランニング上の可処分所得の金額は、一定期間内のすべての収入と支出の差額であるため、その期間における貯蓄残高の増減額と一致する。
①

2. ライフイベント表には、子どもの進学や住宅取得、自動車の買替えなどの支出を伴う事項だけを計上し、満期保険金や退職金等、収入を伴う事項は計上しない。
②

3. キャッシュフロー表は、家計の収支状況や今後のライフイベントを基に、将来の家計収支と貯蓄残高の推移を予測し、表にまとめたものである。
③

4. 個人のバランスシートを作成する場合、住宅や株式などの資産価格は、時価ではなく取得価格で計上しなくてはならない。
④

正解　3

【問題４】 ライフプランニングにおける資金の試算に関する次の記述のうち、最も不適切なものはどれか。

1. 住宅資金や教育資金等の準備において、一定利率による複利運用を前提に、一定期間で目標額を達成するために必要となる毎月の積立額を試算する場合は、減債基金係数を使うと便利である。
①

2. 住宅ローンの毎月の元利均等返済を試算する場合は、資本回収係数が便利である。
②

3. 老後生活資金に充当するために退職一時金等を一定利率で複利運用し、一定期間後の元利合計額を試算する場合は、終価係数を使うと便利である。
③

4. 毎年の生活資金として、将来、一定利率で複利運用しながら一定額の年金を毎年受け取るために、現時点で必要な元本を試算する場合、年金終価係数を使うと便利である。
④

正解　4

3. 社会保険①（労災保険・雇用保険）

出題傾向	●労災保険＋雇用保険で１問など、社会保険全般の基礎知識を問う形で出題されることが予想される。 ●最低限、下記の内容は覚えておきたい。

●労災保険（労働者災害補償保険）●

目　　的	**業務上・通勤途上**の疾病・負傷、障害、死亡等に対する補償 （注）通勤途中で逸脱・中断があった場合は対象外
適用対象者	使用者に使用される労働者（**パート・アルバイト・外国人労働者等を含む**） ＊中小企業主、自営業者(一人親方等)は一定の要件を満たせば**特別加入**も可
保険給付	療養(補償)給付、休業(補償)給付（**休業4日目から支給**）、障害(補償)給付、遺族(補償)給付など
保　険　料	**事業主が全額負担**（保険料率は業種により異なる）
窓　　口	労働基準監督署

●雇用保険●

目　　　的			失業給付や雇用継続給付などで、労働者の生活と雇用の安定をはかる
被保険者			適用事業に雇用される労働者（役員等は対象外）
給　　付	基本手当 （失業給付）		所定給付日数—┌定年退職・自己都合退職→**最長150日**（注1） 　　　　　　　└会社の倒産・解雇等　→**最長330日**（注2） ※原則、離職の日以前2年間に12カ月以上の被保険者期間が必要。 ※所定給付日数とは、基本手当が支給される限度となる日数で、離職理由、離職時の年齢、被保険者であった期間などに応じて決められる。受給期間は原則1年間。申請により延長OK。 （注1)被保険者であった期間20年以上の場合 （注2)45歳以上60歳未満で被保険者期間20年以上の場合
	雇用継続給付	高年齢雇用継続給付	**60歳以上65歳未満**で引続き雇用され賃金が60歳時より**75%未満**に低下した場合に支給
		育児休業給付	満**1歳**（パパママ育休プラスの場合は1歳2ヵ月。保育所に入所できない等の場合は2歳）未満の子を養育するために休業したときに支給。支給額は、半年間は休業時賃金の**67%**、その後は**50%**。育休分割取得、産後パパ育休の場合も支給（一定の要件あり）
		介護休業給付	家族を介護するために休業したときに支給。同じ家族について93日を限度に3回までに限り支給。支給額は、休業時賃金の67%
	教育訓練給付	一般教育訓練給付	被保険者であった期間が3年以上（初回は1年以上）ある被保険者が厚生労働大臣の指定する教育訓練を受講・修了した場合に受講料の2割（上限10万円）支給
保　険　料			(2024.4.1～2025.3.31)保険料率15.5／1,000(事業主分9.5／1,000、被保険者分6／1,000) （注1）農林水産業、建設業等では保険料率が高くなる （注2）事業主のみ雇用保険二事業の保険料率3.5／1,000負担。
窓　　口			公共職業安定所（ハローワーク）

【問題5】 労働者災害補償保険の保険給付に関する次の記述のうち、最も不適切なものはどれか。

1. 労働者災害補償保険の適用を受ける労働者には、雇用形態がアルバイトやパートタイマーである者は含まれない。
　　　　　　　　　　　　　①

2. 労働者が業務上の負傷または疾病による療養のため労働することができず、賃金を受けられない場合、賃金を受けない日の第4日目から休業補償給付が支給される。
　　　　　　　　　②

3. 労働者が業務災害により死亡したときに支払われる遺族補償年金の年金額は、受給権者および受給権者と生計を同じくしている受給資格者の人数により異なる。
　　　　　　　　③

4. 労働者が通勤災害により死亡した場合、所定の手続きにより、葬祭を行う者に対し葬祭給付が支給される。
　　　　　　④

正解　1

【問題6】 35年間継続勤務した会社を60歳で定年退職し、退職後、雇用保険の基本手当の受給資格者となったＡさんに関する次の記述のうち、最も不適切なものはどれか。なお、Ａさんは、障害者等の就職困難者には該当しないものとする。

1. 基本手当の受給資格は、原則として、離職の日以前2年間に被保険者期間が通算して12ヵ月以上あることが必要である。
　　　　　　　　①

2. 基本手当の受給期間は、原則として、離職の日の翌日から起算して1年間である。
　　②

3. 基本手当日額の計算の基礎となる賃金日額は、被保険者期間として計算された最後の3ヵ月間に支払われた賃金総額（賞与等臨時に支払われた賃金等を含む）を90で除して得た金額である。
　　　　　　　　③

4. Ａさんの場合、基本手当の所定給付日数は150日である。
　　　　　　④

正解　3

4. 社会保険②（医療保険）

出題傾向	●給付内容、退職後の医療保険、介護保険などから基本的な知識を問う問題が出題される可能性がある。 ●制度改正についても留意する。

●健康保険●

目　　的	業務外および通勤途上以外の疾病・負傷に対する給付	
被保険者	労働者・役員等（生計維持の家族は被扶養者）ただし個人事業主本人は除く	
保険給付	療養の給付	診察・治療・手術等を受けた場合の現物給付 自己負担割合・・・本人**3割**、家族3割（小学校就学前までは**2割**）
	出産育児 一時金	一児につき**50万円**。家族出産育児一時金も50万円。（産科医療補償制度の対象とならない出産の場合は48.8万円）
	出産手当金	出産のために休業し、報酬が支払われないときに支給
	傷病手当金	療養のために休業し、報酬が支払われないときに支給
	高額療養費 （70歳未満）	自己負担限度額は所得（5区分）によるが、標準報酬月額が28万～50万円の場合は、「80,100円＋（総医療費－267,000円）×1％」（差額ベッド代等は、全額自己負担）
保険料率	全国健康保険協会管掌健康保険（協会けんぽ）は労使折半（月給・賞与とも）	
窓　　口	協会けんぽは都道府県支部。組合管掌健康保険は健康保険組合	

●国民健康保険●

対 象 者	自営業者などやその家族（生活保護世帯は対象外）
給　　付	健康保険と基本的に同じだが、傷病手当金は任意給付。自己負担割合は3割
保 険 料	世帯人数や所得などから決められる
保 険 者	都道府県、市町村と国民健康保険組合（医師や土木建設業者などが組織）

●退職後の医療保険●

任 意 継 続 被保険者制度	・2ヵ月以上健康保険に加入していた人は、被保険者でなくなった日から**20日**以内に届出すると、退職後**2年間**は引続き同じ健康保険に加入できる。保険料は**全額自己負担**
家 族 の 被 扶 養 者	・日本国内に住所を有し、同居を原則として、年収130万円未満（60歳以上は180万円未満）などの場合、被扶養者になれる（事実婚を含む）。保険料の負担はなし
国民健康保険	・再就職しないときや自営業者となるときは国民健康保険に加入する。保険料は前年の所得で計算される（上限あり）。
高 齢 受 給 者 制　　　　度	・70歳以上の高齢者・・・一般**2割**負担（2014年3月末までに70歳になっている人は、1割負担）、現役並み所得者は3割負担 ・高額療養費（2018年8月から）・・・現役並み所得者は69歳以下と同じ。一般世帯は、外来18,000円（年間上限144,000円）、ひと月の外来・入院上限額（世帯ごと）57,600円
後 期 高 齢 者 医 療 制 度	・**75歳以上**の高齢者（一定の障害認定で65歳以上）・・・一般**1割**負担、一定以上所得者は2割負担、現役並み所得者は3割負担。介護保険の給付と重なる場合は介護保険が優先

【問題7】 公的医療保険に関する次の記述のうち、最も不適切なものはどれか。

1．退職により被保険者資格を喪失した者が任意継続被保険者となるためには、資格喪失日の前日まで継続して2ヵ月以上の被保険者期間がなければならない。
　①

2．健康保険の任意継続被保険者の保険料は、全額をその被保険者が負担する。
　②

3．国民健康保険には被扶養者という制度はなく、加入者全員が被保険者となる。
　③

4．傷病手当金は、同一の疾病または負傷およびこれにより発した疾病に関して、その支給を始めた日から最長2年間支給される。
　④

①適切。

②適切。任意継続の場合、保険料は全額自己負担。

③適切。

④不適切。2022年1月1日より、支給を開始した日から通算して1年6ヵ月に改正された。

正解　4

【問題8】 後期高齢者医療制度に関する次の記述のうち、最も不適切なものはどれか。

1．被保険者の年齢は、75歳以上（一定の障害認定を受けている場合は65歳以上）である。
　①

2．制度の運営主体は、都道府県単位で設立された「後期高齢者医療広域連合」であり、保険料の徴収や給付申請の受付等は市町村が行う。
　②

3．保険料の納付は、納付書による納付または口座振替となっており、公的年金からの徴収は行われていない。
　③

4．保険医療機関等の窓口で支払う一部負担金の割合は、原則として、現役並み所得者は3割、一定以上所得者は2割、それ以外の者は1割である。
　④

①適切。

②適切。

③不適切。保険料の納付は、公的年金の支給額が年額18万円以上の人は年金からの天引き（特別徴収）、天引き以外は納付書等による納付（普通徴収）。

④適切。

正解　3

5. 公的年金①（老齢基礎年金）

出題傾向	●公的年金全般から２～３問の出題が予想される。 ●国民年金では、被保険者の種類、受給資格などが出題の中心となるが、年金額の計算の仕組み、繰上げ支給・繰下げ支給にも注意。

●国民年金の被保険者●

種別	対象者	保険料
第１号被保険者	**20歳以上60歳未満**の自営業者などやその配偶者、学生など	月額16,980円（2024年度）（注１）
第２号被保険者	厚生年金（注２）の加入者（20歳未満、60歳以上であっても第２号）	国民年金保険料は厚生年金の制度から拠出される
第３号被保険者（注３）	第２号被保険者に扶養（年収130万円未満）される**20歳以上60歳未満**の配偶者	第２号被保険者の厚生年金保険料は労使折半で、第３号被保険者は自己負担はなし

（注１）・経済的困窮者には、保険料の全額免除、３／４免除、半額免除、１／４免除制度がある
　　　　・学生には**学生納付特例制度**、50歳未満で所得が一定額以下の場合には**保険料納付猶予制度**がある
　　　　・６ヵ月、１年、２年の**前納**などにより保険料が割引される制度がある
（注２）・公務員等が加入していた共済年金は2015年10月から厚生年金に統一された
（注３）・第３号被保険者（ここでは妻とする）になるためには、夫の勤務先経由で届出を行う

●老齢基礎年金の受給資格●

原則：下記の①＋②＋③で**10年以上**（注１）あれば、65歳から老齢基礎年金が支給される	
①保険料納付済期間	第１号被保険者が保険料を納付した期間、第２号被保険者の20歳以上60歳未満の期間、第３号被保険者の期間
②保険料免除期間	第１号被保険者が保険料の免除を受けた期間。受給資格期間には全期間が加算されるが、年金額には一定の期間が反映される（注２）
③合算対象期間	受給資格期間には算入されるが年金額には反映されない（カラ期間）

（注１）・受給資格期間は、従来は25年であったが、2017年８月以後、10年に短縮された
　　　　・学生納付特例制度、保険料納付猶予制度を利用して保険料を納付・追納しなかった期間は、受給資格期間には算入されるが、年金額には反映されない
（注２）年金額に反映される期間は、免除を受けた時期により次のようになる
　　　　・2009年３月まで：**全額免除は１／３、３／４免除は１／２、半額免除は２／３、１／４免除は５／６**
　　　　・2009年４月以降：**全額免除は１／２、３／４免除は５／８、半額免除は３／４、１／４免除は７／８**

●老齢基礎年金の年金額●

原則：保険料納付済期間40年で、**1956年４月２日以降生まれの人816,000円、1956年４月１日以前生まれの人813,700円**（2024年度）。納付済期間の不足に応じ減額	
繰上げ支給	65歳未満（60歳以上）で繰上げ支給した場合、1962年４月１日以前生まれの人は繰り上げた月数に応じて年金額が１ヵ月当たり**0.5％減額**、1962年４月２日以降生まれの人は**0.4％減額**。減額率は一生変わらない
繰下げ支給	66歳以降（75歳以下。1952年４月１日以前生まれの人は70歳以下）で繰下げ支給した場合、繰り下げた月数に応じて年金額が１ヵ月当たり**0.7％増額**される。増額率は一生変わらない

・第１号被保険者は、付加保険料（月**400円**）を納付すれば「**200円×納付済月数**」の**付加年金**が上乗せされる

チェックポイント

【問題9】　国民年金に関する次の記述のうち、最も不適切なものは
　　　　　どれか。

1．第3号被保険者が60歳に達したときは、その日に第3号被保険
　　者としての資格を喪失する。
　　　　　　　　　　　　①

2．第1号被保険者が出産する場合、所定の届出により、出産予定
　　月の前月から4ヵ月間（多胎妊娠の場合は出産予定月の3ヵ月
　　前から6ヵ月間）、保険料の納付が免除される。
　　　②

3．保険料免除期間に係る保険料のうち、追納することができる保
　　険料は、追納に係る厚生労働大臣の承認を受けた日の属する月
　　前10年以内の期間のものとされている。
　　　　　　　　③

4．日本国籍を有する者であっても、日本国内に住所を有しない者
　　は、国民年金に加入することができない。
　　　　　　　　　④

①適切。

②適切。次世代育成支援
の観点から、2019年4月
にスタートした。

③適切。

④不適切。海外居住者は
国民年金の強制加入者で
はないが、日本国籍の人
であれば、20歳以上65歳
未満の人は国民年金に任
意加入することができる。

正解	4

【問題10】　老齢基礎年金に関する次の記述のうち、最も不適切なも
　　　　　　のはどれか。

1．保険料納付済期間、保険料免除期間および合算対象期間を合算
　　した期間が10年以上ある場合は、老齢基礎年金の受給資格期間
　　を満たしていることとされる。
　　　①

2．国民年金の学生納付特例期間は、その期間に係る保険料の追納
　　がない場合、老齢基礎年金の受給資格期間には算入されるが、
　　老齢基礎年金の年金額には反映されない。
　　　　　　　　　②

3．2009年3月以前の国民年金の保険料全額免除期間は、その期間
　　に係る保険料の追納がない場合、その2分の1に相当する月数
　　が老齢基礎年金の年金額に反映される。
　　　　　　　③

4．65歳到達時に老齢基礎年金の受給権を有する者が、70歳到達時
　　に老齢基礎年金の繰下げ支給の申出をした場合、年金額の増額
　　率は42％である。
　　　④

①適切。2017年8月から
受給資格期間が25年→10
年に短縮された。

②適切。

③不適切。2009年3月以
前の全額免除期間は、3
分の1の月数が年金額に
反映される。なお、2009
年4月以降の全額免除期
間は、2分の1である。

④適切。70歳到達時に繰
下げ支給をした場合、60
月の繰下げなので、0.7
％×60月＝42％の増額と
なる。なお、年金制度改
正により、2022年4月か
らは75歳まで繰下げが可
能になり、75歳まで繰り
下げた場合の増額率は84
％。

正解	3

6. 公的年金②（老齢厚生年金）

出題傾向	●厚生年金に加入していた人が60歳以後にもらう特別支給の老齢厚生年金の仕組みや在職老齢年金について、押さえておきたい。

●特別支給の老齢厚生年金の支給開始年齢の引上げ●

60歳 ←特別支給の老齢厚生年金→ 65歳	〈生年月日・男性〉	従来の支給形態
報酬比例部分 / 定額部分 ＋ 老齢厚生年金 / 老齢基礎年金	1941年 4 月 1 日以前	(注)女性は 5 年遅れてスタート
報酬比例部分 / 定額部分 ＋ 老齢厚生年金 / 老齢基礎年金	1941年 4 月 2 日 〜 1949年 4 月 1 日	定額部分の支給開始年齢が段階的に引き上げられる
報酬比例部分 ＋ 老齢厚生年金 / 老齢基礎年金	1949年 4 月 2 日 〜 1953年 4 月 1 日	定額部分の支給がなくなる
報酬比例部分 ＋ 老齢厚生年金 / 老齢基礎年金	1953年 4 月 2 日 〜 1961年 4 月 1 日	報酬比例部分の支給開始が3年ごとに1歳ずつ引き上げられる
老齢厚生年金 / 老齢基礎年金	1961年 4 月 2 日以降	60歳台前半の年金は原則として支給されない

●老齢厚生年金の受給形態（1959年 4 月 2 日〜1961年 4 月 1 日生まれの男性の場合）●

64歳 — 特別支給の老齢厚生年金（①報酬比例部分） — 65歳
①老齢厚生年金
②経過的加算
老齢基礎年金
③加給年金額
妻65歳

①報酬比例部分	在職中の報酬と加入期間に応じて年金額を計算する。平均年収の高い人は年金額も多い。65歳になると「老齢厚生年金」に切り替わる
②経過的加算	以前は65歳になるまで「定額部分」と呼ばれる年金が支給され、65歳になると老齢基礎年金に切り替わっていたが、その差額を支給するのが「経過的加算」と呼ばれる部分。現在、定額部分の支給はなくなったが、経過的加算には20歳未満、60歳以後の厚生年金加入期間も反映されるので、そうした期間がある人には相応の金額が加算されることもある。
③加給年金額	被保険者期間が20年以上で、生計を維持する65歳未満の配偶者や子(要件あり)がいれば支給。定額部分または老齢基礎年金の支給開始時に加算開始

●在職老齢年金●

内　容	60歳以降も在職(厚生年金の被保険者)する場合、年金額が減額される
60歳台前半	60歳台前半の在職老齢年金の場合、本来もらえる年金と報酬(総報酬月額相当額)の合計額が50万円を超えると年金額が一部または全部支給停止される。高年齢雇用継続給付を受給する場合は、在職老齢年金がさらに支給調整(減額)される
60歳台後半	65歳〜69歳の厚生年金の被保険者についても、年金額が減額される。減額は、60歳台前半の減額と同額。老齢基礎年金は全額支給される
70歳台	60歳台と同じ仕組みで減額される。ただし、厚生年金保険料の負担はなし
その他	60歳以後、自営業を営む場合は、所得の多寡にかかわらず年金は全額支給される

【問題11】 厚生年金保険の老齢給付に関する次の記述のうち、最も適切なものはどれか。

1．特別支給の老齢厚生年金が支給されるためには、厚生年金保険の被保険者期間が<u>6ヵ月以上</u>あることが必要である。
　　　　　　　　　　　　　　　　　　　　　　　　①

2．老齢厚生年金の繰上げ支給を請求する場合、老齢基礎年金の繰上げ支給の請求は、<u>同時に行わなくてもよい。</u>
　　　　　　　　　　　　　　　　　②

3．<u>加給年金額</u>が加算されるためには、老齢厚生年金の受給権者本人の厚生年金保険の被保険者期間が<u>10年以上</u>あることが必要である。
　　　　　　　　　　　　　　　③

4．厚生年金保険の被保険者に支給される特別支給の老齢厚生年金は、当該被保険者の<u>総報酬月額相当額と基本月額との合計額が50万円を超える場合、在職老齢年金の仕組みにより年金額の全部または一部が支給停止となる。</u>
　　　　　　　　　　　　　　　④

正解	4

【問題12】 下記の図は、夫（1960年4月2日生まれ）が厚生年金保険に加入している会社員、妻が被用者年金加入歴のない専業主婦である世帯の年金受給のイメージ図である。下図の空欄（ア）、（イ）にあてはまる語句の組み合わせとして、最も適切なものはどれか。

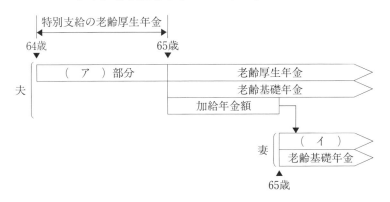

1．（ア）報酬比例　　（イ）<u>振替加算</u>
　　　　　　　　　　　　　①
2．（ア）定額　　　　（イ）加給年金額
3．（ア）報酬比例　　（イ）加給年金額
4．（ア）定額　　　　（イ）振替加算

正解	1

7. 公的年金③（遺族給付）

出題傾向	●遺族給付は、遺族の範囲やもらえる遺族給付の種類などを覚える。

●遺族給付●

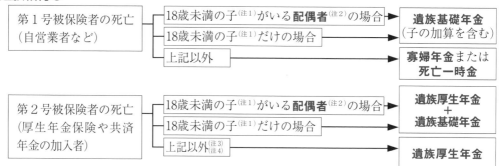

第1号被保険者の死亡（自営業者など）
- 18歳未満の子(注1)がいる配偶者(注2)の場合 → 遺族基礎年金（子の加算を含む）
- 18歳未満の子(注1)だけの場合 → 遺族基礎年金（子の加算を含む）
- 上記以外 → 寡婦年金または死亡一時金

第2号被保険者の死亡（厚生年金保険や共済年金の加入者）
- 18歳未満の子(注1)がいる配偶者(注2)の場合 → 遺族厚生年金＋遺族基礎年金
- 18歳未満の子(注1)だけの場合 → 遺族厚生年金＋遺族基礎年金
- 上記以外(注3)(注4) → 遺族厚生年金

（注1）「18歳未満」とは、**18歳到達年度の末日**までを指す。障害者の場合は20歳未満
（注2）従来、子がいる妻が支給対象で、夫（父子家庭）は対象外であったが、2014年4月1日以後は、子のいる夫も支給対象となった
（注3）妻・子の他、55歳以上の夫・父母・祖父母、18歳到達年度の末日までの孫なども遺族厚生年金を受給できる（兄弟姉妹は対象外）
（注4）子のない妻（30歳未満）の遺族厚生年金は、5年間の有期年金
（注5）第3号被保険者が死亡した場合でも、要件を満たせば、遺族基礎年金が支給される

●遺族給付の支給条件と支給額●

年金の種類	主な支給条件	年金額（2024年度）
遺族基礎年金	・18歳到達年度の末日までの子がいること ・国民年金保険料を3分の1以上滞納していないこと、または死亡日前1年間に保険料の滞納がないこと（65歳未満に限る）	〈新規裁定者の額〉 ・基本額　816,000円 ・子の加算　1人234,800円 （3人目以降は1人78,300円）
寡婦年金	・保険料納付済期間が10年以上ある夫の死亡 ・婚姻関係が10年以上あること　・死亡一時金との選択	夫の老齢基礎年金の4分の3（60歳〜65歳未満の間）
死亡一時金	・国民年金保険料を3年以上納付していること	納付期間等に応じて12万円〜32万円
遺族厚生年金	・厚生年金保険の被保険者や老齢厚生年金の受給権者が死亡したとき	死亡者の老齢厚生年金（報酬比例部分）の**4分の3**
中高齢寡婦加算	・夫が亡くなったとき妻が40歳以上で子がない場合など、遺族厚生年金にプラスされる	〈新規裁定者の額〉 612,000円（40歳〜65歳未満の間）
経過的寡婦加算	・遺族厚生年金を受けていた1956年4月1日以前生まれの妻が65歳に達したとき	〈既裁定者の額〉 610,300円〜20,367円（生年月日で異なる）

※遺族厚生年金は、被保険者期間が300月未満の場合には、**300月とする最低保障**がある。

●遺族給付の支給例●

◎厚生年金加入中の夫の死亡。遺族は無職の妻（38歳）、子1人（10歳）

妻：38歳　　　　　　　　　　　　　　妻：65歳

中高齢寡婦加算
遺族厚生年金 → ・妻の老齢基礎年金+遺族厚生年金
遺族基礎年金 → ・妻の老齢基礎年金+妻の老齢厚生年金など

夫：死亡　　　子：18歳到達年度の末日

28

**【問題13】　遺族給付に関する次の記述のうち、最も不適切なものは
　　　　　　どれか。**

1．遺族基礎年金を受給することができる遺族は、国民年金の被保
　険者等の死亡の当時、その者によって生計を維持され、かつ、
　所定の要件を満たす妻および子に限られる。
　　　　　　　　　　　　　　　①

2．国民年金の被保険者が死亡し、その者の遺族に遺族基礎年金が
　支給される場合、死亡一時金は支給されない。
　　　　　　　　　　　　　　　　②

3．遺族基礎年金および遺族厚生年金は、所得税の課税対象となら
　ない。
　③

4．遺族厚生年金の額は、報酬比例の年金額の４分の３に相当する
　額であるが、その額の計算の基礎となる被保険者期間の月数が
　300に満たない場合は、一定の要件の下に300として計算する。
　　　　　　　　　　　　　　　　　　　　　　　　　　　④

**【問題14】　下記の図は、厚生年金保険の被保険者である夫が死亡し
　　　　　　た場合の、残された妻（41歳、被用者年金加入歴はない）
　　　　　　の遺族年金等受給のイメージ図である。下記の図の空欄
　　　　　　（ア）、（イ）にあてはまる語句の組み合わせとして、最
　　　　　　も適切なものはどれか。なお、夫婦には子が１人（12歳、
　　　　　　障害者ではない）いるものとする。**

夫：死亡
▼

遺　族　厚　生　年　金		
遺族基礎年金 （子の加算あり）	（　イ　）②	
		老齢基礎年金

　　　　　　▲
　　（　ア　）
　　　　①
　　　　　　　　　　　　▲
　　　　　　　　　　妻：65歳

1．（ア）子：18歳に達したとき　　（イ）寡婦年金
2．（ア）子：18歳に達したとき　　（イ）中高齢寡婦加算
3．（ア）子：18歳到達年度の末日　（イ）寡婦年金
4．（ア）子：18歳到達年度の末日　（イ）中高齢寡婦加算

8. 公的年金④（障害給付）

出題傾向	●受給できる要件や障害給付の種類などを覚える。

●障害給付●

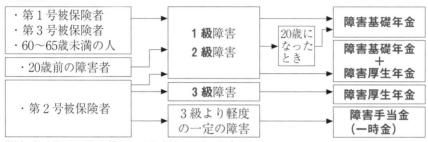

（注）年金額は、障害等級により異なる（下記参照）

●障害給付の支給条件●

要件	障害基礎年金	障害厚生年金
障害の認定要件	原則として初診日から１年６ヵ月であるが、１年６ヵ月以前に症状が固定した場合は、その日が障害認定日となる	
障害認定日要件	障害認定日において、障害等級１級または２級の障害状態にある	障害認定日において、障害等級１級～３級の障害状態にある。３級に至らない場合は、障害手当金（一時金）を支給
初診日要件	初診日に国民年金の被保険者。被保険者であった者で、日本国内に住所を有し、60歳～65歳未満	厚生年金保険の被保険者期間中に初診日があること
保険料納付要件	初診日の前日において、初診日の属する月の前々月までの被保険者期間の３分の２以上が保険料納付済期間と保険料免除期間で満たされていること 前記の特例として、初診日の前日において初診日の属する月の前々月までの１年間に保険料の滞納期間がないこと（65歳未満に限る）	

※20歳前障害者は、20歳になったときに障害基礎年金１級か２級に該当していれば支給（所得制限あり）

●障害年金の年金額● （2024年度・新規裁定者の場合）

障害の程度	障害基礎年金		障害厚生年金	
	基本額	子の加算額 （18歳到達年度末まで）	基本額	配偶者加給年金額 （65歳まで）
１級	816,000円×**1.25** ＝1,020,000円	１人目：　234,800円 ２人目：　234,800円 ３人目以降：78,300円	報酬比例の年金額×**1.25**	234,800円
２級	816,000円	同上	報酬比例の年金額	234,800円
３級	支給なし		報酬比例の年金額（最低保障：612,000円）	支給なし
障　害 手当金			報酬比例の年金額×２ （最低保障：1,224,000円）	支給なし

※障害厚生年金は、総加入月数が300月未満の場合には、被保険者期間を300月とする最低保障がある。

【問題15】　障害基礎年金および障害厚生年金に関する次の記述のうち、最も適切なものはどれか。

1．障害基礎年金および障害厚生年金における障害認定日は、原則として障害の原因となった傷病の初診日から起算して1年6ヵ月を経過した日（その期間内に傷病が治った場合は、その治った日）とされる。

2．20歳未満の国民年金の被保険者でなかった期間に初診日のある傷病に係る障害に対しては、20歳以後の障害の状態にかかわらず、障害基礎年金は支給されない。
②

3．初診日において厚生年金保険の被保険者である者が、その障害認定日において障害等級3級に該当する程度の障害の状態にある場合、その者は障害基礎年金および障害厚生年金の支給対象者となる。
③

4．障害基礎年金の受給権者が、その者によって生計を維持されている65歳未満の配偶者を有する場合、その者に支給される障害基礎年金に配偶者加給年金額が加算される。
④

① 適切。

② 不適切。20歳になるまで障害基礎年金の支給はないが、20歳以後、障害等級1級・2級であれば、支給される。ただし、所得制限あり。

③ 不適切。障害等級3級の場合、障害厚生年金は支給されるが、障害基礎年金は支給されない。

④ 不適切。配偶者加給年金額は、1級・2級の障害厚生年金に加算されるが、障害基礎年金には加算されない。障害基礎年金の場合、子の加算がある。

正解	1

【問題16】　障害給付に関する次の記述のうち、最も不適切なものはどれか。

1．障害認定日は、一律初診日から1年6ヵ月を経過した日と定められている。
①

2．障害厚生年金の1級または2級に該当した者には併せて障害基礎年金も支給される。
②

3．障害厚生年金の額を計算する際に、その計算の基礎となる被保険者期間の月数が300月に満たない場合、300月として計算する。
③

4．60歳をすぎて国民年金の加入者でなくなった後に障害者になった場合、65歳未満で、かつ日本国内に住んでいるなどの条件を満たしていれば障害基礎年金が受給できる。
④

① 不適切。障害認定日とは初診日から1年6ヵ月を経過した日またはその期間内に治った日（症状が固定した日）である。

② 適切。なお、3級の場合は障害厚生年金のみ。

③ 適切。加入期間が短い場合でも、最低300月加入したこととして障害年金が支給される。

④ 適切。ただし、老齢基礎年金を繰上げ受給している場合は支給されない。

正解	1

9. 公的年金⑤(併給調整・請求・支払い・離婚分割・税金)

出題傾向	●併給できるケースとできないケースを押さえておく。 ●年金の請求や税金の取扱いについては、一般的知識が問われる。

●併給調整●

基 本	一人一年金が原則だが、同一支給事由の場合は併給される。 (例)老齢基礎年金+老齢厚生年金、遺族基礎年金+遺族厚生年金などはOK 　　障害基礎年金+老齢基礎年金、障害厚生年金+老齢厚生年金などはNO
特 例	老齢基礎年金+遺族厚生年金、65歳以上の場合は障害基礎年金+老齢厚生年金 (または遺族厚生年金)などはOK
その他	雇用保険の**基本手当と特別支給の老齢厚生年金は併給できない**(原則として、基本手当の支給を受けると特別支給の老齢厚生年金は支給停止)

●年金の請求●

年金請求	・年金は、請求しないと受け取れない	
手続き先	・国民年金(第1号被保険者期間のみ) ・国民年金(第3号被保険者期間あり) ・厚生年金のみ、最後が厚生年金の場合	全国どこの年金事務所でも手続き可能 (公務員の障害年金は除く)

※**年金生活者支援給付金**…年金受給者の生活を支援するため、年金に上乗せして支給されるもの。該当者は年金の請求と一緒に請求する(受給要件あり)。

●年金の支払い●

・年金は年6回に分けて、**偶数月**の各15日に、前月までの2ヵ月分の年金が支給される

●離婚時の厚生年金分割制度●

	合意分割制度	3号分割制度
分割対象	婚姻期間中の夫婦の厚生年金保険の保険料納付記録	2008年4月1日以後の婚姻期間中の第3号被保険者期間における相手方の厚生年金保険の保険料納付記録
分割割合	最大で2分の1	自動的に2分の1
決定方法	当事者間の合意または家庭裁判所の決定	当事者間の合意の必要なし
請求期限	原則、離婚後2年以内	

●税金●

老齢年金	・**雑所得**として、所得税・復興特別所得税・住民税の課税対象 ・雑所得の金額=年金収入－**公的年金等控除額** (注)公的年金等控除額は年齢(65歳未満か65歳以上か)と収入金額によって決まる(P118参照) ・年金額が一定額を超えると、年金を受け取る際に所得税が源泉徴収される
非 課 税	・**遺族・障害給付は非課税**(寡婦年金、死亡一時金、障害手当金も非課税)

【問題17】 公的年金の併給調整等に関する次の記述のうち、最も不適切なものはどれか。

1. 遺族厚生年金の受給者が特別支給の老齢厚生年金の受給権を取得した場合、<u>遺族厚生年金と特別支給の老齢厚生年金は併給される</u>。
①

2. <u>障害基礎年金と老齢厚生年金は、その受給権者が65歳以上の場合は併給される</u>。
②

3. 同一の事由により、障害厚生年金と労働者災害補償保険法に基づく障害補償年金が支給される場合、<u>障害厚生年金は全額支給され、障害補償年金は所定の調整率により減額される</u>。
③

4. 特別支給の老齢厚生年金は、その受給権者が雇用保険の基本手当を受給している期間、原則として、<u>支給停止となる</u>。
④

①不適切。遺族厚生年金と65歳前に支給される特別支給の老齢厚生年金は併給できず、どちらか一方を選択する。

②適切。

③適切。公的年金から支給される障害厚生年金は全額支給されるが、労働者災害補償保険法から支給される障害補償年金は、0.83の調整率により減額される。

④適切。

正解 | 1

【問題18】 公的年金等の税務に関する次の記述のうち、最も不適切なものはどれか。

1. 公的年金のうち、<u>老齢給付については雑所得として課税の対象となるが、障害給付と遺族給付については非課税である</u>。
①

2. 公的年金等の年金額が所定の額以上である場合、<u>原則として、当該年金額から所得税・復興特別所得税が源泉徴収される</u>。
②

3. 公的年金等に係る雑所得の金額は、<u>公的年金等の収入金額から、受給者の年齢およびその収入金額に応じて定められた公的年金等控除額を控除して計算される</u>。
③

4. 公的年金等控除の対象となる公的年金等には、厚生年金基金からの老齢給付、確定給付企業年金からの老齢給付などが含まれるが、<u>確定拠出年金からの老齢給付は含まれない</u>。
④

①②適切。

③適切。公的年金等控除額は65歳未満と65歳以上で異なる。

④不適切。確定拠出年金も公的年金等に含まれる。

正解 | 4

10. 企業年金・自営業者等の年金

出題傾向	●各制度の基本的知識を問う問題が出題される可能性がある。それぞれ、税制面の取扱いを整理しておきたい。

●企業年金●

厚生年金基金	概　要	基金独自の給付に加え、老齢厚生年金の一部を国に代わって支給する（代行部分）しくみ。2014年4月からは新規の厚生年金基金の設立ができないほか、財政状況が悪い基金はスムーズに解散や新たな企業年金（確定給付企業年金など）の制度に移行しやすくし、厚生年金基金は廃止・縮小の方向へ進んでいる
	掛　金	代行部分は労使折半、加算部分は企業負担が多い
		企業負担分は全額損金、従業員負担分は全額社会保険料控除
	給　付	代行部分は終身年金、加算部分は退職一時金も可能 年金として受け取る場合は雑所得（公的年金等控除の対象）、退職一時金として受け取る場合は退職所得
中小企業退職金共済 （中退共）	概　要	国の援助で中小企業が退職金制度を持てるようにすることを目的とした制度。加入企業は従業員全員を加入させなければならない。**役員、個人事業主本人やその配偶者は除かれる**
	掛　金	**全額事業主負担**。全額損金
	給　付	年金として受け取る場合は雑所得（公的年金等控除の対象）、退職一時金として受け取る場合は退職所得
特定退職金共済 （特退共）	概　要	市町村や商工会議所が実施している制度で、仕組みは中退共とほぼ同じ。掛金について国の補助はない。他の特退共と重複できないが、中退共には重複加入できる

●自営業者等のための年金●

国民年金基金	概　要	国民年金の**第1号被保険者**のための上乗せ年金。全国国民年金基金と職能型国民年金基金がある。
	掛　金	**月額6万8,000円**が上限。全額**社会保険料控除**の対象
	年　金	雑所得（公的年金等控除の対象）
	その他	国民年金の付加年金と同時に国民年金基金に加入することはできない
小規模企業共済	概　要	従業員が20人（卸売業・小売業・サービス業は5人）以下の小規模企業の**事業主や役員**が事業を廃業・退職した場合に、その後の生活の安定あるいは事業の再建のための資金を準備しておくための共済制度
	掛　金	全額**小規模企業共済等掛金控除**として所得控除
	共済金	一時払い、分割払い、一時払い・分割払いの併用ができ、退職所得または雑所得扱い（公的年金等控除の対象）

【問題19】　中小企業退職金共済制度、小規模企業共済制度および国民年金基金制度についてまとめた下表の空欄（ア）〜（ウ）にあてはまる語句の組み合わせとして、最も適切なものはどれか。

項　目	中小企業退職金共済	小規模企業共済	国民年金基金
加入対象者	中小企業の従業員	小規模企業の（　イ　）	国民年金の第1号被保険者
掛金の税法上の取扱い	全額損金または必要経費	全額所得控除①	全額（　ウ　）②
掛金の負担者	（　ア　）	加入者本人	加入者本人

1．（ア）加入者本人　（イ）従業員　（ウ）必要経費
2．（ア）事業主　　　（イ）従業員　（ウ）所得控除
3．（ア）事業主　　　（イ）事業主、役員および共同経営者
　　（ウ）所得控除
4．（ア）加入者本人　（イ）事業主、役員および共同経営者
　　（ウ）必要経費

①小規模企業共済等掛金控除。

②社会保険料控除。

正解　　3

【問題20】　国民年金基金および小規模共済に関する次の記述のうち、最も不適切なものはどれか。

1．国民年金の第1号被保険者であっても、<u>国民年金の保険料の納付が免除されている者は、国民年金基金に加入することができない。</u>①
2．小規模企業共済の掛金月額は、<u>5,000円から10万円までの範囲内で、500円単位で選択することができる。</u>②
3．国民年金基金制度の掛金は、<u>確定拠出年金の個人型年金の掛金と合算して、原則として月額68,000円が上限である。</u>③
4．小規模企業共済制度に加入している<u>個人事業主は、一定の要件を満たせば、国民年金基金にも加入することができる。</u>④

①適切。

②不適切。小規模企業共済の掛金月額は、1,000円から7万円までの範囲内で、500円単位で選択することができる。

③適切。

④適切。小規模企業共済制度は、役員や個人事業主が企業としてではなく、個人として加入している。

正解　　2

11. 確定給付企業年金・確定拠出年金

出題傾向	●確定拠出年金について出題の可能性が高い。個人型・企業型のそれぞれについて、対象者、拠出限度額などを押さえておきたい。

●確定給付企業年金（DB＝Defined Benefit Plan）●

概　要	●規約型企業年金…労使が合意した年金規約に基づき、生命保険会社など母体企業の外部で年金資金を管理・運用して年金給付を行う年金制度 ●基金型企業年金…母体企業とは別の法人格を持った基金を設立し、基金において年金資産を管理・運用して年金給付を行う企業年金制度
掛　金	事業主の全額負担が原則。年金規約で定め、加入者の同意があれば従業員の一部負担は可能。事業主拠出分は損金算入、従業員の拠出分は生命保険料控除の対象
給　付	老齢給付…年金は公的年金等控除の対象、退職一時金は退職所得課税（退職所得控除、１／２課税）を適用 障害給付…非課税　　遺族給付…相続税の対象（所得税・住民税は非課税）

●確定拠出年金（DC＝Defined Contribution Plan）●

概　要	加入者ごとに口座を設け、そこに拠出した掛金を加入者自ら選択した金融商品によって運用し、その結果によって将来（**60歳以降に受給開始**）の受取額が決まってくる年金。**企業型**と**個人型**がある。給付時の課税は確定給付企業年金と同様
企業型 DC	・以前は企業のみが掛金を拠出できたが、2012年より**従業員の上乗せ拠出（マッチング拠出）**が解禁。従業員拠出分は小規模企業共済等掛金控除の対象 ・**運用の指図は従業員が行い**、運用リスクも従業員が負う ・転職時に年金資産の持ち運びができる（**ポータビリティ制度**）
個人型 DC	・愛称：iDeCo（イデコ）。従来、自営業者や企業年金を実施していない企業の従業員が対象であったが、2017年１月からは、専業主婦、公務員、企業年金を実施している企業の従業員など、原則すべての人が加入できるようになった。掛金は全額、**小規模企業共済等掛金控除**（所得控除）の対象

●企業型DC、DB加入者のiDeCo加入（DB等の他制度掛金相当額の反映後＝2024年12月１日施行）●

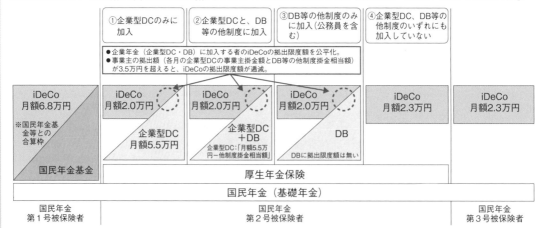

※企業型DCの拠出限度額は、月額5.5万円からDB等の他制度掛金相当額（仮想掛金額）を控除した額。他制度掛金相当額は、DB等の給付水準から企業型DCの事業主掛金に相当する額として算定したもので、複数の他制度に加入している場合は合計額。他制度には、DBのほか、厚生年金基金・私立学校教職員共済制度・石炭鉱業年金基金を含む。
　マッチング拠出を導入している企業の企業型DC加入者は、企業型DCの事業主掛金額を超えず、かつ、事業主掛金額との合計が拠出限度額（月額5.5万円からDB等の他制度掛金相当額を控除した額）の範囲内で、マッチング拠出が可能。マッチング拠出かiDeCo加入かを加入者ごとに選択することが可能。

【問題21】　確定拠出年金に関する次の記述のうち、最も適切なものはどれか。

1. 老齢給付金を60歳から受給するためには、60歳時点で確定拠出年金の通算加入者等期間が<u>20年以上</u>なければならない。
①

2. 国民年金基金に加入している国民年金の第１号被保険者は、<u>所定の範囲内の掛金額であれば、個人型年金にも併せて加入し、その掛金を拠出することができる。</u>
②

3. 老齢給付金を一時金として受給する場合、その一時金は、<u>一時所得として総合課税の対象となる。</u>
③

4. 企業型年金加入者掛金（マッチング拠出による加入者が拠出する掛金）は、その<u>２分の１相当額が</u>所得税における<u>小規模企業共済等掛金控除の対象となる。</u>
④

正解　　2

【問題22】　確定拠出年金に関する次の記述のうち、最も不適切なものはどれか。

1. 企業型年金において、加入者が掛金を拠出することができることを規約で定める場合、加入者掛金の額は、<u>その加入者に係る事業主掛金の額を超える額とすることができない。</u>
①

2. 企業型年金や確定給付企業年金等を実施していない一定規模以下の中小企業の事業主は、労使の合意かつ従業員の同意を基に、<u>従業員が加入している個人型年金の加入者掛金に事業主掛金を上乗せして納付することができる。</u>
②

3. 個人型年金に加入できるのは、<u>国内に居住する国民年金の被保険者に限られる。</u>
③

4. 個人型年金の加入者が60歳から老齢給付金を受給するためには、<u>通算加入者等期間が10年以上なければならない。</u>
④

正解　　3

12. 介護保険、成年後見制度

出題傾向	●公的介護保険、成年後見制度については、基本的な制度の概要は押さえておきたい。

●公的介護保険●

	第１号被保険者	第２号被保険者
対象者	**65歳以上の人**	**40歳以上65歳未満**の医療保険加入者
給付の対象者	・寝たきり・認知症等で介護が必要な人・日常生活に支援が必要な人 ・要支援１～２、要介護１～５の認定が行われる	・加齢に伴う病気（脳血管障害等16種類）によって介護が必要となった人 (注)交通事故等によって介護が必要になった場合は、給付対象外
自己負担	支給限度額の範囲内であれば**１割負担**(限度額を超えた分は全額自己負担) (注)一定以上の所得のある第１号被保険者は２割負担、さらに所得の高い現役並み所得者は３割負担	
保険料	年金額が年額**18万円以上**の場合は、年金から**天引き**される（特別徴収）。年金額が年額18万円以下など、特別徴収の対象とならない場合は、納付書による普通徴収となる	加入している医療保険の保険料に上乗せして徴収される。会社員は労使折半

●成年後見制度●

法定後見制度	・「後見」「保佐」「補助」の３類型があり、家庭裁判所によって選ばれた成年後見人・保佐人・補助人が、本人を法的に保護・支援する制度 ・補助は、軽度の認知症の人や知的障害者が対象となり、本人(被補助人)が選択した特定の法律行為について、補助人に代理権、同意権、取消権が与えられる ・指定登記所に登記される
任意後見制度	・契約による後見の制度で、本人が判断能力を有するうちに、自分の後見人となる人を選任し、判断能力が不十分になった後の後見事務の内容を契約する ・任意後見人は、**複数の個人、法人**でもよい ・任意後見契約は、**公正証書**によることが必要 ・判断能力が不十分になった段階で、後見事務がスタートするが、この場合、家庭裁判所が後見人を監督する任意後見監督人を選任してから後見人としての職務が行えるようになっている

【問題23】 公的介護保険に関する次の記述のうち、最も不適切なものはどれか。

1. 介護保険の被保険者は、市町村または特別区の区域内に住所を有する者のうち、<u>65歳以上の者（第1号被保険者）と40歳以上65歳未満の医療保険加入者（第2号被保険者）</u>である。
　①

2. 介護保険の給付を受けるためには、<u>被保険者が要介護状態あるいは要支援状態であることについて、市町村または特別区の認定を受ける必要がある</u>。
　②

3. 介護保険の第1号被保険者で、<u>公的年金制度から年額18万円以上の老齢等年金給付を受給している者の介護保険料は、原則として公的年金から徴収される</u>。
　③

4. 介護保険の第2号被保険者で、保険給付（介護サービス）の対象者は、<u>身体障害者手帳が交付された人のうち、要介護（要支援）状態と認定された者</u>である。
　④

①適切。第1号・第2号の区分をしっかりと覚える。

②適切。記述のとおり。介護保険の保険者は市区町村であり、手続きについても当該市区町村である。

③適切。

④不適切。介護保険の第2号被保険者で、保険給付（介護サービス）の対象者は、加齢に伴う特定疾病を原因として、要介護（要支援）状態と認定された者である。

正解　4

【問題24】 ファイナンシャル・プランナーのAさんは資産家であるBさんの配偶者から、Bさんの認知症がひどくなり、今後の財産管理が不安である旨の相談を受けた。そこでAさんは成年後見制度を紹介することとし、次のように回答した。文中の空欄㋐、㋑に入る適切な語句等の組合せとして正しいものは、下記のうちどれか。

　それならば、成年後見制度があります。例えば、Bさんが常に<u>判断能力を欠く状況（精神上の障害により事理を弁識する能力を欠く常況）</u>であれば、家庭裁判所に（　㋐　）開始の審判の申立て
　①
をして、成年（　㋐　）人を選任してもらい、この者に代理をしてもらうのです。なお、（　㋐　）の内容は、（　㋑　）されます。

1. ㋐後見　　㋑戸籍に記載
2. ㋐保佐　　㋑戸籍に記載
3. ㋐後見　　㋑指定登記所に登記
4. ㋐保佐　　㋑指定登記所に登記

①「後見」の対象。なお、「保佐」は、精神上の障害により、判断能力が著しく不十分な人を保護対象とする制度。「補助」は、軽度の精神上の障害により、判断能力が不十分である人を保護対象とする制度。

正解　3

13. 住宅取得プラン①

出題傾向	●自己資金づくり、財形住宅融資の概要、「フラット35」の制度内容について問う問題が出題される可能性がある。

●自己資金づくり●

頭　　　　金	頭金は物件価格の10～30％が目安
財 形 住 宅 貯 蓄	55歳未満の勤労者が、持家取得等を目的に給与天引きにより積み立てる。財形年金貯蓄と合わせて、元本550万円までが非課税で積み立てられる
相続時精算課税制度	**18歳以上**の住宅取得者であれば「住宅取得等資金に係る相続時精算課税制度」を利用すれば、父母・祖父母（**年齢制限なし**）からそれぞれ2,500万円まで非課税で贈与を受けることができる
贈与税の非課税制度	直系尊属から住宅購入等資金を贈与された場合、贈与税の課税価格から下記の控除を受けることができる（**相続時精算課税制度との併用可**） ・2026年末までの贈与の場合：**1,000万円**（省エネ等の良質な住宅の場合。それ以外の住宅の場合は500万円）。

●財形住宅融資●

制 度 内 容	財形貯蓄をしている人が住宅を購入等する場合に融資する制度
申 込 資 格	主な条件 ①申込み時の年齢が70歳未満、完済時年齢が80歳まで ②借入申込日の２年前から融資申込日まで財形貯蓄を積み立てていること ③財形貯蓄（種類は問わない）を**1年**以上続け、残高が**50万円**以上あること ④事業主から負担軽減措置を受けられること
金 　 　 利	５年固定金利制
借 入 限 度	次のうち、いずれか低い金額 ①所要資金の90％、②財形貯蓄残高の**10倍**（最高4,000万円）

●フラット35（住宅金融支援機構「買取り型」）●

制 度 内 容	住宅金融支援機構の証券化事業を活用して、民間金融機関が提供する長期固定金利の住宅ローンで、次のメリットがある ①15年以上最長35年の長期固定ローンで返済額が確定される（金利は取扱金融機関によって異なる） ②100万円以上**8,000万円**（建設費・購入価額の**100％**）まで融資が受けられる ③保証料、**繰上げ返済手数料が不要** ④物件審査で住宅の質が確保される
申 込 資 格	①申込時の年齢が70歳未満であること ②融資対象の住宅には、申込者本人またはその親族が居住すること ③申込者本人が日本国籍の人または永住許可を受けている外国人であること ④年間返済額の年収に占める割合が基準を満たしていること
融 資 対 象 住 　 宅	・住宅の床面積に制限がある ・機構の定めた技術水準に適合する住宅
申 込 先	各取扱金融機関

【問題25】 フラット35と財形住宅融資に関する次の記述のうち、最も不適切なものはどれか。

1. フラット35の融資限度額は、8,000万円を上限に、利用者の年収および取得住宅の建築費等により決定される。
①

2. フラット35の借入金利の利率は、一律ではなく、取扱金融機関等がそれぞれ独自に決定する。
②

3. 財形住宅融資は、財形貯蓄の積立期間が1年に満たない場合、利用することができない。
③

4. 財形住宅融資の借入限度は、①所要資金の90％、②財形貯蓄残高の5倍（最高4,000万円）のうち、いずれか低い金額である。
④

①適切。なお、融資限度は従来、住宅価格の90％までだったが、2014年2月から100％に引き上げられている。

②適切。

③適切。

④不適切。財形住宅融資の借入限度は、①所要資金の90％、②財形貯蓄残高の10倍（最高4,000万円）のうち、いずれか低い金額である。

正解 4

【問題26】 住宅金融支援機構と民間金融機関が提携した住宅ローンであるフラット35に関する次の記述のうち、最も適切なものはどれか。

1. 資金使途は、申込者またはその親族が居住するための新築住宅の建設・購入資金に限られ、中古住宅の購入資金として利用することはできない。
①

2. 融資期間は、申込者が80歳になるまでの年数と35年のうち、いずれか短い年数が上限となるが、下限は設けられていない。
②

3. 融資金利は、借入申込時点の金利ではなく、融資実行時点の金利が適用される。
③

4. 既存の住宅ローンの借換えに利用することはできない。
④

①不適切。フラット35は、中古住宅の購入資金にも利用できる。

②不適切。15年以上という下限が設けられている。

③適切。

④不適切。借換えにも利用できる。

正解 3

14. 住宅取得プラン②&カードローン

出題傾向	●住宅ローンの借換えや一部繰上げ返済のポイントを押さえておく。 ●デビットカードなどの特徴も押さえておきたい。

●住宅ローンの返済方法●

元金均等返済	毎回の返済額（元金＋利息）のうち元金部分が均等になる方式
元利均等返済	毎回の返済額（元金＋利息）が均等になる方式

　借入金、金利、借入期間のすべてが同条件の場合、
・当初の返済額は「元金均等返済」のほうが大きい
・総返済額は「元利均等返済」のほうが大きい

●住宅ローンの見直し●

一部繰上げ返済	・手持ち資金で元金部分の一部を返済するもの。返済期間を短縮する「期間短縮型」と返済額の軽減を図る「返済額軽減型」がある ・同一条件なら、**返済額軽減型より期間短縮型のほうが利息節減効果が高い** ・手数料がかかることがある
借換え	・返済中の住宅ローンを別の金融機関の住宅ローンに借り換えること ・借換効果＝現在返済中の今後の住宅ローン総返済額−（借換え後の総返済額＋借換えの諸費用） ・フラット35は借換えに利用できる ・借換えには、諸費用がかかる

●その他のローン●

総合口座 （民間金融機関）	融資限度額…定期預金残の90％（最高200万円）＋利付国債等の額面合計額80％（最高200万円）の合計400万円までが一般的
貯金担保自動貸付 （ゆうちょ銀行）	融資限度額…定期性貯金残の90％（最高300万円） 借入期間…通常2年
カードローン	一定の借入限度額の範囲内で融資を受ける。返済はあらかじめ設定した金額を分割で支払う「リボルビング方式」が多い

●カードの種類と特徴●

（注）事前にチャージが必要

	クレジットカード	デビットカード （Jデビットの場合）	電子マネー
利用可能時間	24時間	金融機関による（注）	24時間
サインまたは暗証番号	原則必要 （少額決済で不要の場合も）	必要（暗証番号）	不要
決済のタイミング	後払い	即時払い	即時払い（注）
カード・電子マネーの再発行	可能	可能	不可

（注）郵貯や都銀は平日はほぼ24時間。それ以外の金融機関も平日8時〜21時、土日祝9時〜19時は必ず利用可能

【問題27】 住宅ローンの借換えを検討しているＡさんが、下記＜資料＞のとおり住宅ローンの借換えをした場合の負担の額（費用を含む）に関する次の記述のうち、最も適切なものはどれか。

＜資料＞

［Ａさんが現在返済中の住宅ローン］①

・借入残高 ：1,000万円
・利率 ：年２％の固定金利
・残存期間 ：11年
・返済方法 ：元利均等返済（ボーナス返済なし）
・返済額 ：毎年1,013,508円

［Ａさんが借換えを予定している住宅ローン］②

・借入金額 ：1,000万円
・利率 ：年１％の固定金利
・返済期間 ：10年
・返済方法 ：元利均等返済（ボーナス返済なし）
・返済額 ：毎年1,051,249円
・借換え費用：20万円

※他の条件等は考慮しないものとする。

1．完済までに577,410円負担増加となる。
2．完済までに377,410円負担増加となる。
3．完済までに436,098円負担減少となる。
4．完済までに636,098円負担減少となる。

①Ａさんが現在返済中の住宅ローンを継続した場合の総返済額
1,013,508円×11年＝
11,148,588円

②借り換えした場合の総返済額
1,051,249円×10年＝
10,512,490円

＊住宅ローンの借換えをした場合の負担減少額（費用を含む）
11,148,588円－
{10,512,490円＋200,000円（借換費用）}＝436,098円

正解 3

【問題28】 多様化するカードの種類と特徴に関する次の記述のうち、最も適切なものはどれか。

1．買い物をすると同時に、預金口座から代金が引き落とされるのが電子マネーである。
2．発行されたクレジットカードは、一般にクレジットカード会員の所有物ではなく、クレジットカード会社からカード会員に貸与されたものである。①
3．電子マネーは金融機関のシステム稼動時間内でないと利用できない。②③
4．クレジットカード会員の信用情報は、信用情報機関に登録されており、カード会員個人は自身の信用情報を照会することはできない。④

①不適切。金融機関のＣＤカードを使用するデビットカードの説明である。

②適切。

③不適切。電子マネーは24時間使用できる。

④不適切。会員自身も可能である。

正解 2

15. 教育資金プラン

出題傾向	●出題される可能性は比較的低いといえるが、公的な教育ローンの内容は押さえておきたい。

●教育資金準備●

・必要な時期とおよその金額がわかるので、早い時期からの計画的な準備が可能
・準備方法として、保険を利用した「こども（学資）保険」などの積立商品が適している

●教育資金用の保険●

生命保険各社の取り扱うこども保険	最長22歳満期 契約者を親・祖父母、被保険者を子・孫とし、契約者に万一のことがあってもその後の保険料は免除になって契約された満期学資金を受け取ることができる。親・祖父母の生死にかかわらず、教育資金の準備ができる。
かんぽ生命の「学資保険」	17歳満期、18歳満期、学資祝金付17歳／18歳／21歳満期

●公的な教育ローン●

	金融機関	申込資格	融資限度額	金利	返済期間
教育一般貸付 （国の教育ローン）	日本政策金融公庫	**年収制限あり**	**350万円** （学生・生徒 １人あたり 海外留学は450万円）	固定金利	**18年以内**

公的教育ローンの融資の対象となる資金：高校、大学、大学院、各種学校への学校納付金（入学金、授業料、施設設備費など）、受験にかかった費用、住居にかかる費用（アパート・マンションの敷金・家賃など）、教科書代、教材費、パソコン購入費、通学費用、学生の国民年金保険料など

●日本学生支援機構の貸与型奨学金●

第一種奨学金	**無利息**
第二種奨学金	**有利息**（在学中は無利息） ※基準は第１種より緩やか

（注）日本学生支援機構の奨学金制度では、従来、上記の貸与型しかなかったが、返済不要の**給付型**奨学金も導入された。2017年度から、私立大学等に自宅外から通学する非課税世帯の人などから先行実施し、2018年度以降進学者から本格導入された。

【問題29】　教育資金に関する次の記述のうち、最も不適切なものはどれか。

1．日本政策金融公庫の教育ローンは、原則として、<u>高等学校以上の学校および専修学校等に在学または入学する学生・生徒を有する保護者等が利用可能な</u>ローンである。
　　　　　　　　　　①

2．日本政策金融公庫の教育ローンでは、融資対象となる資金使途として、入学金や授業料だけでなく、<u>アパートの家賃など学生の居住に要する一定の費用も認められる</u>。
　　　　　　　　　　②

3．日本学生支援機構の貸与型奨学金制度には、<u>無利息で貸与を受けられる「第一種奨学金」と、利息付（在学中は無利息）貸与の「第二種奨学金」がある</u>。
　　　　　　　　　　③

4．民間教育ローンは、金融機関により商品性は異なるが、<u>担保提供を必須条件としている点が共通している</u>。
　　　　　　　　　　④

①適切。

②適切。

③適切。なお、2017年度から返済不要の給付型奨学金制度も開始。

④不適切。民間教育ローンには「有担保型」と「無担保型」がある。

正解	4

【問題30】　教育資金に関する次の記述のうち、最も不適切なものはどれか。

1．日本政策金融公庫の教育一般貸付の融資額（海外留学を除く）は、<u>一世帯につき350万円以内である</u>。
　　　　　　　　　　①

2．日本政策金融公庫の教育一般貸付は、<u>日本学生支援機構の奨学金と、重複利用できる</u>。
　　　　　　　　　　②

3．<u>日本政策金融公庫の教育一般貸付は、固定金利で、返済期間は18年</u>となっている。
　　　　　　　　　　③

4．日本学生支援機構の貸与型奨学金には、<u>無利息で貸与を受けられる「第一種奨学金」と、利息付（在学中は無利息）貸与の「第二種奨学金」がある</u>。
　　　　　　　　　　④

①不適切。学生・生徒一人につき350万円以内（海外留学の場合は450万円）である。

②適切。

③適切。

④適切。

正解	1

16. 中小企業の資金計画

出題傾向	●最近、決算書や経営分析に関する基本的な知識を問う問題が1問出題される傾向がある。

●決算書と経営分析●

＜貸借対照表（BS）＞：決算時点での財政状態を表す

資金の運用状態	（資産の部） Ⅰ　流動資産 Ⅱ　固定資産 Ⅲ　繰延資産	（負債の部） Ⅰ　流動負債 Ⅱ　固定負債 （純資産の部）	資金の調達源泉
	資産合計	負債・純資産合計	

＜損益計算書（PL）＞

一定期間の経営成績を表す

①　売上高	
A　売上原価	
（イ）売上総利益	：①－A
B　販売管理費	
（ロ）営業利益	：（イ）－B
②　営業外収益	
C　営業外費用	
（ハ）経常利益	：（ロ）＋②－C
③　特別利益	
D　特別損失	
（ニ）税引前当期純利益	：（ハ）＋③－D
E　法人税等	
（ホ）当期純利益	：（ニ）－E

＜経営分析指標＞

＜収益性分析＞
総資産利益率（ROA）
　＝経常利益÷総資産×100
自己資本利益率（ROE）
　＝当期純利益÷自己資本×100

＜安全性分析＞
流動比率＝流動資産÷流動負債×100
当座比率＝当座資産÷流動負債×100
固定比率＝固定資産÷自己資本×100
自己資本比率＝自己資本÷総資本×100

（P140も参照）

●資金調達の種類●

　中小企業の資金調達は、一般的には銀行からの借入れなど間接金融に頼るケースが多いが、直接金融による資金調達手段も多様化している

〈企業の外部からの資金調達方法〉

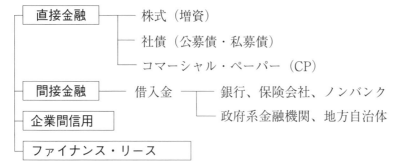

【問題31】 損益計算書に関する次の記述の空欄（ア）～（エ）にあてはまる語句の組み合わせとして、最も適切なものはどれか。

> ・売上から売上原価を差し引いた利益は（　ア　）であり、粗利益ともいう。
> ①
> ・（　ア　）から販売費及び一般管理費を差し引いた利益が（　イ　）である。
> ②
> ・（　イ　）に営業外損益を含めた利益が（　ウ　）である。
> ③
> ・最終的に法人税や住民税等の税金を差し引いた利益が（　エ　）である。
> ④

1．（ア）売上総利益　　（イ）営業利益　　（ウ）経常利益
　　（エ）当期純利益

2．（ア）営業利益　　（イ）売上総利益　　（ウ）経常利益
　　（エ）当期純利益

3．（ア）営業利益　　（イ）売上総利益　　（ウ）当期純利益
　　（エ）経常利益

4．（ア）売上総利益　　（イ）営業利益　　（ウ）当期純利益
　　（エ）経常利益

正解　　1

【問題32】 企業の資金調達に関する次の記述のうち、最も不適切なものはどれか。

1．資金調達の方法には、金融機関等からの借入れによって資金を調達する間接金融と、株式の発行等によって投資家等から資金を調達する直接金融がある。
①

2．金融機関等からの資金調達には、手形貸付、証書貸付および当座貸越などの手段がある。
②

3．企業が社債を発行し、金融機関や取引先等の特定の投資家がそれを引き受ける形態の社債を、公募債という。
③

4．売掛債権を買い取ってもらうファクタリングは、売掛債権を、その償還期日前に資金化することを可能とする手段である。
④

正解　　3

B リスク管理

1. 保険の仕組み

重 要 度
★

出題傾向	●保険の基本的な仕組み、特に生命保険分野で保険料を中心とした問題が出題される頻度が高い。

●生命保険の基本型●

基本型	内　容	代表的な保険
死亡保険	被保険者が死亡または高度障害になった場合に保険金が支払われるもの	定期保険、終身保険、**定期付終身保険**
生存保険	被保険者が生存していた場合に保険金が支払われるもの	個人年金保険
生死混合保険	死亡保険と生存保険を組み合わせたもの	**養老保険**、定期付養老保険

●保険料算出の主な原則●

大数の法則	個々の事象は偶発的なものであっても、事象を数多く集め大数で見ると、一定の法則性が見い出せること
収支相等の原則	契約者が支払う保険料の総額とその予定運用益の合計額（収入）は、支払われる保険金の総額と予定経費との合計額（支出）と等しくなること
給付・反対給付均等の原則	危険の度合いに応じて公平な保険料を負担しなければならないこと

●生命保険料の構成●

```
                                    ┌ 死亡保険料 ┐
                        ┌ 純保険料 ─┤ 死亡保険金支払い │   予定死亡率、
                        │ 将来の保険 │ の財源となる部分 │   予定利率を基
            営業保険料 ─┤ 金支払いの ┤                    礎として計算
            契約者が払い │ 財源となる │ 生存保険料
            込むお金     │ 部分       │ 満期保険金支払い   ※予定利率は、高く
                        │           └ の財源となる部分    見積もると保険料
                        │                                は安くなる。
                        └ 付加保険料
                          保険制度の維持・管            予定事業費率
                          理に充てられる部分          を基礎として
                                                      計算
```

●剰余金と配当金●
死差益（予定死亡者数＞実際の死亡者数）、利差益（予定運用収入＜実際の運用収入）、費差益（予定事業費＞実際の事業費）　※利差配当のみ、無配当等の商品もある。

●損害保険の主な基礎用語●

保険の目的	保険をつける対象
再調達価額	保険の対象と同等の物を新たに取得するのに必要な金額
時価（額）	再調達価額から、使用による消耗分を差し引いた金額
保険価額	保険事故が発生した場合に被保険者が被る可能性のある損害の最高見積額。時価額や再調達価額で設定する
保険金額	保険契約において、設定する契約金額。保険事故が発生した場合に、保険会社が支払う保険金の限度額となる

【問題1】 生命保険の保険料等の仕組みに関する次の記述のうち、最も不適切なものはどれか。

1. 契約者が契約期間中に払い込む保険料と運用益の総額が、保険会社が支払う保険金・給付金等の総額および諸経費の合計額と等しくなるように保険料を計算する原則を、「収支相等の原則」①という。

2. 契約者が保険会社に払い込む保険料は、保険金・給付金等の支払いに充てられる純保険料と、保険会社の諸経費に充てられる付加保険料によって構成されている。②

3. 保険会社が実際に支払う保険金・給付金等の支払額が、予定死亡率によって見込まれた保険金・給付金等の支払額よりも少なかった場合に生じる利益を、死差益という。③

4. 保険会社の実際の事業費が、予定事業費率によって見込まれた事業費よりも少なかった場合に生じる利益を、利差益という。④

①適切。

②適切。

③適切。保険会社は予定死亡率をもとに、死亡保険金の保険料を計算している。

④不適切。利差益とは予定利率によって見込まれた運用収入より実際の収入が多かった場合に生じる利益をいう。設問は「費差益」の内容である。

正解	4

【問題2】 損害保険の基礎用語に関する次の記述のうち、最も不適切なものはどれか。

1. 再調達価額とは、保険の対象と同等のものを新たに建築あるいは購入するために必要な金額のことをいう。①

2. 時価（額）とは、再調達価額から、使用による消耗分を差し引いた金額のことをいう。②

3. 保険価額とは、保険事故が発生した場合に被保険者が被る可能性のある損害の最高見積額で、損害保険の場合は必ず時価（額）となる。③

4. 保険金額とは、保険契約において保険事故が発生した場合に、保険会社が支払う保険金の限度額となる。④

①適切。

②適切。

③不適切。損害保険契約における保険価額は、時価（額）とする場合のほか、再調達価額とする場合もある。

④適切。

正解	3

2. 生命保険の契約

出題傾向	●告知義務や失効・復活について、出題の頻度が高い

●生命保険の基礎用語●

契約者	保険会社と契約を締結し、契約上の一切の権利（契約内容の変更や解約など）と義務（保険料の支払いなど）を持つ人。法人も可。
被保険者	その人の生死などが保険金などの支払いの対象となる人。自然人に限られる。複数の被保険者がいる契約を連生保険という
保険金受取人	保険金の支払いを受けるべき人（複数の受取人、法人も可。）
指定代理請求人	受取人が請求できない事情に備えて、契約者が一定の親族を代わりの受取人としてあらかじめ指定しておくことができる
責任開始日	保険会社が保険契約上の責任を開始する時期で、**保険契約の申し込み、第1回保険料の支払い、告知（診査）の3つが完了した日**（ガン保険にかかるガン関連の保障の開始は責任開始日の3ヵ月後）

●告知義務●

告知義務	契約者または被保険者が告知書や生命保険会社が指定した医師などの質問に、事実をありのまま告げる義務
告知の内容	過去5年以内の健康状態・職業など
告知義務違反	保険会社は契約を解除することができる（解約返戻金があれば払い戻される）
解除権の消滅	・**契約後5年以内に解除の原因となる保険金・給付金の支払事由が発生しなかった場合**（保険会社は約款で2年以内に短縮） ・保険会社が**告知義務違反を知った日から1ヵ月以内に解除を行わない場合** ・保険募集人が、保険契約者または被保険者に対して事実の告知をすることを妨げた場合や不実の告知をすることを勧めた場合

●失効と復活●

契約の失効	・猶予期間中に保険料の支払いがないと契約は失効 （契約応当日が4月8日の場合）

払込み方法	払込期日	猶予期間	失効日
月払い	4月1日～末日	翌月末日まで	6月1日
年払い、半年払い	4月1日～末日	翌々月の応当日まで	6月9日

契約の復活	・**失効後3年以内**に限り、保険会社の承諾を得て、契約を元に戻すことができる ・告知義務がある（健康状態等によっては復活できない場合もある） ・**保険料は失効前と同じ**（ただし、失効期間中の保険料とその間の利息を支払う必要がある）

【問題3】　下記〈資料〉は、吉田さんが加入したガン保険（免責期間3ヵ月）の契約の流れを示したものである。この保険契約のガンに対する保障が開始する日として、最も適切なものはどれか。なお、保険料の支払い方法は月払いを選択するものとする。

〈資料〉

・2023年10月10日申込書および告知書提出
　　↓
・2023年10月15日第1回保険料の支払い（代理店に直接払い込んでいる）
　　↓
・2023年10月25日保険会社の引受けの承諾
　　↓
・2023年10月30日保険証券の受取り

1．2023年10月25日
2．2023年10月30日
3．2024年1月15日
4．2024年1月25日

【問題4】　保険法における生命保険契約の告知に関する次の記述のうち、最も不適切なものはどれか。

1．保険契約者または被保険者になる者は、生命保険契約の締結に際し、支払事由の発生の可能性に関する重要な事項のうち保険会社が求める告知事項について、事実の告知をしなければならない。
①
2．保険契約者または被保険者が、告知事項について故意または重大な過失により事実の告知をしなかった場合、原則として、保険会社は当該生命保険契約を解除することができる。
②
3．生命保険募集人が、保険契約者または被保険者に対して、告知事項について事実の告知を妨害した場合や不実の告知をすることを勧めた場合、原則として、保険会社は当該生命保険契約を解除することができない。
③
4．保険会社が、保険契約者または被保険者による告知義務違反の事実を知らなかった場合、契約締結の時から解除の原因となる保険金等の支払事由が発生しないで1年を経過すれば、当該生命保険契約に係る解除権は消滅する。
④

3. 生命保険商品①

出題傾向	●主な保険種類のポイントは正確に理解しておきたい。

●**主な生命保険**●

定期保険	・一定の保険期間内に死亡・高度障害となった場合に保険金が支払われる ・平準定期保険のほか、期間の経過に応じて保険金額が減っていく「逓減定期保険」、保険金額が増えていく「逓増定期保険」、保険金を一時金ではなく年金形式で受け取る「収入保障保険」(一時金受取りの場合は、年金総額を下回る) など、多様な定期保険がある。いずれも保険料は一定である
終身保険	・一生涯の死亡保障が得られる保険。同条件の保険料は定期保険に比べて高いが、解約返戻金がある ・保険料の払込み方法には有期払込みと終身払込みがある。また、保険料の払込期間中の解約返戻金を低く抑えた低解約返戻金型がある ・利率変動型積立終身保険の予定利率は、一定期間ごとに見直されるが最低保証利率が設けられている ・保険料払込み終了後、死亡保障に代えて「年金受取り」「介護保障」などを選択できる
定期付終身保険	・終身保険に定期保険特約を付加した保険 ・定期保険特約の保険期間を10年、15年など一定期間で更新していく「更新型」と、加入から払込み期間(終身払い込みの場合最長80歳までなど)を保険期間とする「全期型」がある。加入当初の保険料は更新型の方が低いが、払込み期間全期間を通した保険料の総額は、全期型の方が少ない
養老保険	・死亡・高度障害の保険金か、満期まで生存していれば満期保険金のいずれかが受け取れる保険。死亡保険金と満期保険金は同額
こども保険	・子供の教育資金の準備を目的にした保険 ・契約者である親が死亡した場合には、それ以降の保険料は免除となるが、その後の生存給付金や満期保険金は契約どおり支払われる。育英年金が支払われるタイプもある
変額保険	・運用実績によって保険金額や解約返戻金額が変動する保険。終身型と有期型がある ・死亡保険金(基本保険金＋変動保険金)については、**基本保険金は最低保証**されている

※外貨建て保険における「円換算特約」は、円貨で保険料の払込や保険金の受け取りができるものであり、為替リスク(保険金・年金の額が、為替の変動で払込保険料総額を下回るリスク)をなくすものではない。
※市場価格調整機能(MVA)は、市場金利が上昇すると解約返戻金が減少する仕組み。

【問題5】　生命保険の一般的な商品性に関する次の記述のうち、最も不適切なものはどれか。なお、記載のない特約については考慮しないものとする。

1．終身保険は、<u>死亡保障が一生涯続き、保険期間の経過とともに解約返戻金が増加する。</u>
　　　　①

2．養老保険は、保険金の支払事由に該当せずに保険期間満了となった場合、<u>死亡保険金と同額の満期保険金を受け取ることができる。</u>
　　　②

3．外貨建て終身保険は、<u>円換算支払特約を付加することにより、契約時の円建ての死亡保険金額が死亡保険金受取時にも円貨で保証される。</u>
　　③

4．<u>収入保障保険の死亡保険金を年金形式で受け取る場合の受取総額は、一時金で受け取る場合の受取額よりも多くなる。</u>
　　　　　　　　　　　　　　　④

①適切。

②適切。

③不適切。外貨建て保険商品の円換算支払特約は保険金を円貨で受け取れる特約である。この特約を付保しても、為替相場により受取保険金額は変動する。

④適切。

正解	3

【問題6】　個人向けの生命保険商品に関する次の一般的な記述のうち、最も適切なものはどれか。

1．変額保険（有期型）は、満期保険金と死亡保険金の金額が、資産の運用実績により増減するため、<u>いずれも最低保証額はない。</u>
　　　　　　　　　　　　　　　　　　　　　①

2．養老保険は、<u>死亡保険金の金額が保険期間の経過に応じて増加し、保険期間の後半に満期保険金の金額を上回る。</u>
　　　　　　　　　　　　　　②

3．こども保険は、契約者である親が死亡すると、以後の保険料の払込みが免除されるが、<u>祝金や満期保険金を受け取ることはできなくなる。</u>
　　③

4．終身保険は、<u>保険料払込期間満了以降、死亡保障に代えて所定の範囲内で年金等に保障内容を変更することができる。</u>
　　　　　　　　　　　　　　　　　　　④

①不適切。解約返戻金や満期保険金の最低保証はないが、死亡保険金の最低保証額はある。

②不適切。被保険者が死亡した場合は死亡保険金が、満期まで生存した場合は同額の満期保険金を受け取ることができる。

③不適切。保険料の払込みが免除されても、祝金や満期保険金を受け取ることはできる。

④適切。「年金受取り」や「介護保障」を選択できる。

正解	4

4. 生命保険商品②

出題傾向	●個人年金保険の基本的なしくみについて出題される頻度が高い。

●個人年金保険●

終身年金	・被保険者が生存する限り年金が支払われる。**同条件の場合、保険料は女性の方が高い**
確定年金	・被保険者の生死にかかわらず、一定期間（10年、15年など）年金が支払われる。一定期間中に死亡した場合は、遺族に対し未払い期間の年金が一時金または年金として支払われる
有期年金	・一定期間（10年、15年など）、被保険者が生存していれば年金が支払われる。被保険者が死亡した場合には、その後の年金の支払いは終了する
保証期間付年金	・年金の支払い期間のうち当初の期間（10年、15年など）は被保険者の生死にかかわらず年金の支払いを保証する保証期間付終身年金、保証期間付有期年金がある
夫婦年金	・**夫婦のどちらかが生きている限り年金が支払われる** ・夫婦別々に同額の個人年金保険に加入するよりも、安い保険料で加入できる
変額個人年金	・運用実績によって、将来支払われる年金額が変動する ・基本年金額等を保証しているものもある ・**年金受取開始前の死亡給付金は基本保険金額が最低保証されている**

●共済の特徴●

JA共済	・原則正組合員・准組合員が加入。利用高の1／5の範囲で員外加入も可能 ・民間生命保険会社・民間損害保険会社と同様の商品がある ・建物更生共済は火災・地震等に関する補償や満期共済金がある
こくみん共済 （全労済）	・掛金は、**性別や年齢に関係なく**、同じ保険金額であれば一律 ・共済期間は**1年**で自動更新（ただし、継続加入年齢に上限がある）
都道府県民共済 （神奈川県は全国共済）	・掛金は、**性別や年齢に関係なく**、同じ保険金額であれば一律 ・死亡保障と入院保障をセットにした「総合保障型」と入院保障を優先した「入院保障型」のほか、こども型、熟年型などがある。

●少額短期保険●

資本金や年間収受保険料等が一定規模以下と定められた少額短期保険業者が引き受けるもので、保険期間については生命保険・医療保険分野は1年、損害保険分野は2年以内の掛け捨ての商品。1被保険者について引き受ける保険金額の上限は以下のとおり。なお、①～⑥の保険金額の合計は1,000万円が上限。保険法の適用対象となる。

①死亡保険	300万円	⑤傷害死亡保険	300万円
②医療保険	80万円	⑥損害保険	1,000万円
③疾病等を原因とする重度障害保険	300万円	⑦個人賠償責任保険	1,000万円
④傷害を原因とする特定重度障害保険	600万円		

【問題7】 個人年金保険に関する次の記述のうち、最も適切なもの
はどれか。

1. 確定年金は、<u>年金支払期間中に被保険者が生存している場合に</u>
<u>限り、年金を受け取ることができる</u>。
　　　①

2. 保証期間付終身年金は、<u>保証期間経過後は被保険者が生存して</u>
<u>いる場合に限り、年金を受け取ることができる</u>。
　　　　　②

3. 有期年金は、<u>年金支払期間中であれば、被保険者の生死にかか</u>
<u>わらず、年金を受け取ることができる</u>。
　　　③

4. 夫婦年金は、<u>夫婦がともに生存している場合に限り、年金を受</u>
<u>け取ることができ、夫婦のいずれか一方が死亡した場合は、そ</u>　④
<u>の時点で年金は終了する</u>。

①不適切。確定年金は被保険者の生死にかかわらず年金が支払われる。設問の記述は「有期年金」の説明。

②適切。なお、保証期間中に被保険者が死亡した場合は、残存期間分の年金・一時金については遺族が受け取る。

③不適切。被保険者が生きている限り支払われる。設問は「確定年金」の説明

④不適切。夫婦のどちらかが生きている限り支払われる。

正解	2

【問題8】 少額短期保険に関する次の記述のうち、最も適切なもの
はどれか。

1. <u>少額短期保険業者と締結した保険契約は、保険法の適用対象と</u>
<u>なる</u>。
　①

2. 少額短期保険業者が1人の被保険者から引き受けることができ
る保険金額の総額は、<u>1,500万円が上限である</u>。
　　　　　　　　　　　　②

3. 破綻した少額短期保険業者と締結していた保険契約は、<u>生命保</u>
<u>険契約者保護機構または損害保険契約者保護機構による保護の</u>
<u>対象となる</u>。
　③

4. 少額短期保険業者と締結した保険契約に係る保険料は、税法上、
所定の要件を満たせば、<u>生命保険料控除または地震保険料控除</u>
<u>の対象となる</u>。
　④

①適切。

②不適切。1,000万円が上限である。

③不適切。少額短期保険は、保険契約者保護機構の保護の対象外である（76ページ参照）。

④不適切。少額短期保険の保険料は、生命保険料控除・地震保険料控除の対象外である（62、72ページ参照）。

正解	1

5. 第三分野の保険

重 要 度
★ ★ ★

出題傾向	●各社から多様な商品が発売されている。一般的な商品内容は押さえておきたい。

●医療保険と医療特約（一般的なケース）

<table>
<tr><td rowspan="2">主契約</td><td>入院給付金</td><td>入院1日目から保障されるものが主流。1入院限度日数・通算入院限度日数が設けられている。更新型は、入院給付金を受け取っても更新可能。検査入院は保障の対象外。限定告知型は保険料が割高となる</td></tr>
<tr><td>手術給付金</td><td>手術の内容によって入院給付日額の10倍・20倍・40倍などの所定の給付金を受け取ることができる。最近は定額タイプも多くみられる</td></tr>
<tr><td rowspan="3">特約</td><td>女性疾病特約</td><td>女性特有の疾病（子宮や乳房の悪性新生物など）で入院すると、主契約の入院給付金に上乗せして特約の入院給付金が支払われる</td></tr>
<tr><td>生活習慣病特約</td><td>ガン・糖尿病・心疾患・高血圧性疾患・脳血管疾患で入院すると、主契約の入院給付金に上乗せして特約の入院給付金が支払われる</td></tr>
<tr><td>先進医療特約</td><td>受診時に厚生労働大臣が認可する先進医療に該当する治療を受けたとき、技術料に対する給付金が支払われる</td></tr>
</table>

●生前給付保険・特約

特定疾病保障保険	・特定疾病（ガン・急性心筋梗塞・脳卒中）により、所定の状態と診断された場合、生前に保険金を支払うもの ・生前に特定疾病保険金を受けていない場合、特定疾病以外で死亡したときは、死亡保険金が支払われる
リビング・ニーズ特約	・余命6ヵ月以内と医師に診断された場合に保険金の全部または一部が生前に支払われる特約。特約保険料は不要
高度障害保険金	・両眼の視力や言語機能を永久に失った時など約款に定められた状態となったときに、死亡保険金と同額の保険金が支払われ、契約は消滅

●その他

ガン保険	・ガンの保障を目的にする保険 ・入院給付金の支払い日数に上限がない ・保障期間には、更新タイプと終身タイプがある ・加入から3ヵ月間ガンの保障が行われない時期あり
介護保障保険	・寝たきりや認知症で介護が必要になった場合に、一時金や年金が支払われる保険 ・死亡したときに、死亡保険金が支払われるものもある ・公的介護保険の要介護状態と連動して給付を行うもの、約款に定められた要介護状態となったときに給付を行うものがある
所得補償保険・就業不能保険	・病気・ケガにより一定期間就業不能の場合（入院が要件ではない）に、免責日数を差し引いた日数分の保険金が支払われる ・年金や不動産所得など就業不能の状態でも得られる収入のみで生計を立てている人は被保険者になれない

【問題9】 第三分野の保険の一般的な商品性に関する次の記述のうち、最も不適切なものはどれか。

1. ガン保険は、ガンの保障に関する責任開始までに一定の免責期間を設定しており、その期間中に被保険者がガンと診断確定された場合、保険金・給付金は支払われない。
①

2. 特定（三大）疾病保障定期保険は、被保険者が所定の状態となって特定疾病保険金が支払われた場合、保険契約は消滅し、その後にその者が死亡しても死亡保険金は支払われない。
②

3. 先進医療特約の対象となる先進医療とは、療養を受けた時点において厚生労働大臣が承認しているものであり、契約日時点のものではない。
③

4. 保険期間が有期である更新型の医療保険は、保険期間中に入院給付金を受け取った場合には、保険期間満了時に契約を更新することができない。
④

①適切。

②適切。

③適切。

④不適切。入院給付金を受け取っても、契約を更新することができる。

正解　4

【問題10】 特定疾病保障保険およびリビング・ニーズ特約に関する次の記述のうち、最も不適切なものはどれか。

1. 特定疾病保障保険は、ガンと診断され特定疾病保険金を受け取った後でも、急性心筋梗塞や脳卒中などの別の支払い事由に該当すれば、特定疾病保険金を再度受け取ることができる。
①

2. 特定疾病保障保険では、被保険者本人が特定疾病保険金を請求できない所定の事情がある場合、指定代理請求人が被保険者に代わって当該保険金を請求することができる。
②

3. リビング・ニーズ特約は、ケガや病気の種類を問わず、被保険者の余命が6ヵ月以内と医師により診断された場合、所定の死亡保険金額の範囲内で特約保険金を請求することができる。
③

4. リビング・ニーズ特約では、被保険者本人が特約保険金を請求できない所定の事情がある場合、指定代理請求人が被保険者に代わって当該保険金を請求することができる。
④

①不適切。被保険者が特定疾病と診断され、保険金の支払いを受けた時点で契約は消滅する。

②適切。指定代理請求人制度。（52ページ参照）

③適切。なお、保険金から6ヵ月分の保険料と利息は差し引かれる。

④適切。指定代理請求人制度。（52ページ参照）

正解　1

6. 生命保険のアドバイス・見直し

出題傾向	●生命保険の見直しに関する問題や契約継続中の取扱いについて、出題される。特約の取扱いなどに留意したい。

●保障額を増やしたい場合●

・特約の中途付加制度 ・中途増額制度	現在加入している契約に定期保険特約等を付加することによって保障を大きくする方法。定期保険、養老保険、終身保険などの主契約部分を増額する中途増額制度もある 〈留意点〉 ・**増額した部分の保険料は増額時の保険年齢や保険料率で計算**される ・診査や告知が必要
契約転換制度	現在契約している生命保険を解約せずに転換価格で下取りして、同じ保険会社の別の保険に契約し直す方法 〈留意点〉 ・転換して新しく契約する保険の保険料は、**転換時の保険年齢、保険料率**による ・診査や告知が必要

●保障額を減らしたいとき●

保険金減額制度	保険金を減額する方法。減額した分、保険料負担が軽くなる 〈留意点〉 ・減額された部分については解約として取り扱われるので、解約返戻金があれば払い戻される ・保険金額の減額に伴って同じ契約内の**他の保障（主契約・特約など）も減額**されることがある

●保険料の支払いが困難なとき●

保険金減額制度	同上
払済保険への変更	保険料の払込みを中止して、その時点での解約返戻金を基に、**保険期間を変えず、保障額の少ない保険**（同じ種類の保険または養老保険）に変更する方法 〈留意点〉 ・**特約は一切消滅**する ・解約返戻金が少ない場合には変更できない場合がある
延長（定期）保険への変更	保険料の払込みを中止して、その時点での解約返戻金を基に、**保険金額を変えず、定期保険**に変更する方法。保険期間は一般的に短縮 〈留意点〉 ・**特約は一切消滅**する ・解約返戻金が少ない場合には変更できない場合がある
自動振替貸付制度	解約返戻金の範囲内で、保険料を自動的に保険会社が立て替え、契約を有効に継続させる方法 〈留意点〉 ・解約返戻金が少ない場合、保険料の立替えができずに失効してしまう場合がある ・立て替えられた保険料には所定の利息が付く

※保険商品によっては、保険料支払期間の延長によって、それ以降の保険料負担を軽くすることもできる。

【問題11】　生命保険の基礎知識に関する次の記述のうち、最も適切なものはどれか。

1．保険契約上の責任が開始する時期は、「申込み」「告知」「第1回保険料相当額の払込み」のいずれかが完了したときである。
①

2．保険料払込期間の途中で払済保険に変更した場合、元契約より保険金額は少なくなるが、特約は維持される。
②

3．ライフステージの変化に対応して保障の見直しが必要になった場合、「契約転換制度」「中途増額制度」「追加契約」などの方法がある。
③

4．保険会社が、解約返戻金の範囲内で保険料を自動的に立て替え、契約を有効に継続させる制度を「契約者貸付制度」という。
④　　　　　　　　　　　⑤

【問題12】　生命保険継続中の取り扱いについて述べた次の記述のうち、最も適切なものはどれか。

1．保険金を減額変更すると、減額部分は解約とみなされ、減額部分の解約返戻金額が払い戻されるが、保険料は変わらない。
①

2．契約転換を行った場合、保険料は、転換前の保険契約時点での年齢と料率で算出される。
②

3．延長（定期）保険へ変更すると、保険期間は一般的に短縮する。
③

4．契約者貸付を受けている最中に死亡事故が発生すれば、貸付が完済されるまで死亡保険金は支払われない。
④

7. 生命保険と税金①

出題傾向	●契約者・被保険者・受取人のケース別に、対象となる税金の種類を覚えておきたい。

●生命保険料控除● （2012年1月1日以後に契約・転換・更新した生命保険契約の場合）

	一般の生命保険料控除	介護医療保険料控除	個人年金保険料控除
対象となる保険と保険料	生存または死亡に基因して一定額の保険金、その他給付金を支払うことを約する部分に係る保険料**（団信は対象外）**	入院・通院等にともなう給付部分に係る保険料**（傷害関連の保険料は、いずれの区分も控除の対象外）**	保険料払込期間10年超、確定年金の場合60歳以降10年以上の支払期間等の要件を満たす個人年金
控除の適用限度額	所得税…**最高4万円** 住民税…**最高2.8万円**	所得税…**最高4万円** 住民税…**最高2.8万円**	所得税…**最高4万円** 住民税…**最高2.8万円**

※その年に実際に支払われた保険料が対象。
※3つの控除を合計した適用限度額は**所得税12万円・住民税7万円**（少額短期保険は対象外）。
※旧制度（2011年12月31日以前の契約）の生命保険料控除は、一般の生命保険料控除と個人年金保険料控除の2種類で、控除の適用限度額はそれぞれ所得税が最高5万円、住民税が最高3.5万円。
※変額個人年金保険の保険料は、個人年金保険料控除の対象とならないが、所定の要件を満たせば、一般の生命保険料控除の適用を受けることができる。
※前納（保険料を数年分あるいは全期間一括して支払う方法）保険料は、保険料を支払った年の翌年以降も生命保険料控除の対象となる。具体的には、下記により計算した保険料がその年の生命保険料控除の対象となる。
　前納保険料×（その年に到来する払込期日の回数／前納した払込期日の総回数）
　なお、一時払いの生命保険の場合は前納と異なり、保険料全額が、支払った年の生命保険料控除の対象となる。

●保険金と税金●

保険金	契約者〔保険料負担者〕	被保険者	受取人	対象となる税金の種類
死亡保険金	夫	夫	妻（相続人）	**相続税**（保険金非課税※の適用あり）
	夫	夫	相続人以外の人	相続税（保険金非課税の適用なし）
	夫	妻	夫	**所得税**（一時所得※※）
	夫	妻	子	贈与税
満期保険金	夫	―	夫	**所得税**（一時所得※※）
	夫	―	妻	贈与税

※相続人が受け取った生命保険金のうち非課税とされる金額は、次のようにして計算する

非課税限度額

$$500万円 \times \boxed{法定相続人数} \times \frac{その\boxed{相続人}の取得した死亡保険金額}{被相続人のすべての\boxed{相続人}が取得した死亡保険金の合計額}$$

・相続放棄した者を含める
・養子は2人（実子がいる場合1人）まで

相続放棄した者は非課税の適用を受けられないので、この「相続人」には含めない

※※一時所得の金額＝（受取保険金＋配当金）－払込保険料－**特別控除（50万円）**
　　この金額の2分の1が総所得金額に加わる

●非課税となるもの＝傷病にかかる保険金・給付金●

高度障害保険金、リビング・ニーズ特約の保険金、入院給付金、生前給付保険金、所得補償保険金、介護給付金等

【問題13】 所得税の生命保険料控除に関する次の記述のうち、最も適切なものはどれか。

1. 生命保険料控除は、払い込んだ保険料の額や保険契約の種類に応じて、所定の額がその年の所得税額から差し引かれる税額控除である。
①

2. 2009年に締結した生命保険契約を2012年以後に契約転換した場合、転換後契約は引き続き2009年当時の生命保険料控除が継続して適用される。
②

3. 個人年金保険料控除の対象となる生命保険契約は、保険料払込期間が10年以上であること等の一定の要件を満たし、個人年金保険料税制適格特約が付加された契約である。
③

4. 介護医療保険料控除の対象となる生命保険契約は、保険金受取人が契約者（＝保険料負担者）またはその配偶者のいずれかである介護保険契約ならびに医療保険契約に限られる。
④

【問題14】 生命保険の税金に関する次の記述のうち、最も不適切なものはどれか。なお、いずれも契約者（＝保険料負担者）ならびに保険金、年金および給付金の受取人は個人であるものとする。

1. 被保険者が受け取る入院給付金や通院給付金、高度障害保険金は、非課税となる。
①

2. 契約者と保険金受取人が同一人であり、被保険者が異なる保険契約において、被保険者が死亡して保険金受取人が受け取る死亡保険金は、相続税の課税対象となる。
②

3. 契約者と満期保険金受取人が同一人である保険期間10年の養老保険契約において、一時金で受け取る満期保険金は、一時所得として課税対象となる。
③

4. 契約者、被保険者および年金受取人が同一人である保証期間付終身年金保険契約において、保証期間内に被保険者が死亡し、残りの保証期間について相続人等が受け取る年金の年金受給権は、相続税の課税対象となる。
④

チェックポイント

①不適切。生命保険料控除は、その年の所得金額から差し引かれる所得控除である。

②不適切。2012年以後の新しい生命保険料控除が適用される。

③適切。なお、変額個人年金保険の保険料は、個人年金保険料控除の対象とはならず、一般の生命保険料控除の対象となる。

④不適切。保険受取人が契約者（＝保険料負担者）またはその配偶者、その他の親族（6親等以内の血族と3親等以内の姻族）のいずれかである契約。

正解　3

①適切。

②不適切。契約者と保険金受取人が同一で、被保険者が異なる契約形態では、死亡保険金は所得税の対象となる。

③適切。

④適切。（64ページ参照）

正解　2

8. 生命保険と税金②

| 出題傾向 | ●個人年金保険の税務についても出題されることがある。
●法人契約の保険料については、保険種類、契約形態に留意して覚えておく。 |

●個人年金と税金●

契約者	被保険者	年金受取人	個人年金保険料控除	年金開始時（年金受給権）	毎年の年金に対して
A（夫）	A（夫）	A（夫）	あり	保証期間に被保険者死亡で相続人が受ける年金受給権は相続税	所得税（**雑所得**）の課税 雑所得＝年金年額－必要経費 （25万円以上なら 10.21％源泉徴収）
A（夫）	B（妻）	A（夫）	なし	―	
A（夫）	B（妻）	B（妻）	あり	**贈与税**の課税 （年金受取人に対して年金開始時点での年金受給権に贈与税がかかる）	
A（夫）	A（夫）	B（妻）	なし		

必要経費

$$年金年額 \times \frac{正味払込保険料総額}{年金の総支給（見込）額}$$

※確定年金の一時金受取は一時所得、保証期間付終身年金の保証期間分の一時金受取は雑所得。

●法人契約の生命保険と税金●
①〔定期保険、養老保険、終身保険の保険料〕

保険種類	保険金受取人		主契約保険料	特約保険料
	死亡保険金	満期保険金		
定期保険 （以下の②を除く）	法人	―	損金算入	損金算入 （注）
	遺族	―	損金算入（注）	
養老保険	法人	法人	資産計上	
	遺族	被保険者	給与	
	遺族	**法人**	１／２資産計上 **１／２損金算入** 〈福利厚生費〉（注）	
終身保険	法人	―	資産計上	
	遺族	―	給与	

（注）役員等のみを被保険者とする場合には給与

②定期保険および第三分野の保険の保険料（抜粋）
〔2019年7月8日以降契約の法人契約の生命保険の経理処理〕

最高解約返戻率50％超70％以下	最高解約返戻率70％超85％以下
保険期間の当初40％まで 当期分保険料の40％：資産計上 60％：損金算入	保険期間の当初40％まで 当期分保険料の60％：資産計上 40％：損金算入

・最高解約返戻率85％超のものについては、別途定められている。

・最高解約返戻率50％以下、同70％以下で年換算保険料30万円以下は全額損金算入

③法人が受け取る保険金・解約返戻金

・保険差益を雑収入として益金算入する
　保険差益＝受取保険金・解約返戻金－それまで資産計上した保険料積立金や配当積立金
・資産計上額がない場合は、受取保険金の全額が益金となる

【問題15】 契約者（＝保険料負担者）を法人、被保険者を役員とする生命保険契約の経理処理に関する次の記述のうち、最も不適切なものはどれか。なお、特約については考慮しないものとし、いずれも保険料は毎月平準払いで支払われているものとする。

1. 給付金受取人が法人である医療保険の入院給付金は、その全額を雑収入として益金の額に算入する。
①
2. 死亡保険金受取人が法人である終身保険を解約して受け取った解約返戻金は、その全額を雑収入として益金の額に算入する。
②
3. 死亡保険金受取人および満期保険金受取人が法人である養老保険の支払保険料は、その全額が資産に計上される。
③
4. 死亡保険金受取人が法人である解約返戻金のない平準定期保険においては、法人が受け取った死亡保険金は、その全額を益金の額に算入する。
④

【問題16】 法人を契約者（＝保険料負担者）とする生命保険に係る保険料の経理処理に関する次の記述のうち、最も不適切なものはどれか。なお、いずれも保険料は年払いで、いずれの保険契約も2023年4月に締結したものとする。

1. 被保険者が役員・従業員全員、死亡保険金受取人が被保険者の遺族、満期保険金受取人が法人である養老保険の支払保険料は、その2分の1相当額を資産に計上し、残額を損金の額に算入することができる。
①
2. 被保険者が役員、死亡保険金受取人が法人である終身保険の支払保険料は、その全額を資産に計上する。
②
3. 被保険者が役員、死亡保険金受取人が法人で、最高解約返戻率が80％である定期保険（保険期間10年）の支払保険料は、保険期間の前半4割相当期間においては、その40％相当額を資産に計上し、残額を損金の額に算入することができる。
③
4. 被保険者が役員、死亡保険金受取人が法人で、最高解約返戻率が40％である定期保険（保険期間10年）の支払保険料は、全額を損金の額に算入することができる。
④

9. 火災保険・地震保険

| 出題傾向 | ●火災保険で補償される内容を把握する。
●地震保険は頻出である。 |

●火災保険で補償される事由●

- ・火災・**落雷**・破裂・爆発、消火活動による水濡れ・破損、**風災**・ひょう災・雪災
- ・外部からの落下・衝突・飛来、**給排水設備の事故**による**水漏れ**、盗難、持出し家財の損害
- ・**水害**（選択して補償の対象とするタイプもある）

※保険料は構造により算定される（M構造・T構造・H構造）。**M構造が最も割安。**
※家財については、1個または1組の価額が30万円超の貴金属・宝石・書画等は明記物件としなければ補償されない。自動車は補償の対象外。
※家財については火災による通貨等の損害は補償されないが、盗難による損害は補償の対象
※**地震・噴火・津波による損害は補償されない**（後述の地震保険で補償）
※経年劣化の腐食は補償の対象外

●支払保険金額（比例てん補方式）●

- ・保険金額が保険価額（時価）の80％以上の場合…実際の損害額（保険金額を限度）が支払われる
- ・保険金額が保険価額（時価）の80％未満の場合…比例てん補方式（保険金額を限度）

$$支払われる保険金 = 損害額 \times \frac{保険金額}{保険価額（時価） \times 80\%}$$

(注)現在販売されている商品では、比例てん補方式ではなく、再調達価額ベースで実際の損害額を支払う実損払い方式の契約が多くなっている

●火災事故と法律●

- ・失火による隣家等に対する損害の場合…軽過失の場合は賠償責任を負わない（失火責任法）
- ・爆発による隣家等に対する損害の場合…賠償責任を負う
- ・賃借物の失火により焼失した場合…債務不履行責任を負う
- (例)借家人が軽過失による失火で借家と隣家を焼失させた場合……**隣家に対しては賠償責任を負わなくて済むが、家主に対しては賠償責任を負う**

●地震保険●

- ・火災保険に付帯する（**単独不可。中途付加は可**） ・4つの割引制度は重複適用不可
- ・保険の目的……**居住用建物**（住居のみに使用される建物および店舗併用住宅）および家財（1個・1組が30万円を超える貴金属等は対象外）
- ・保険金額……火災保険の保険金額の**30〜50％以内**（**建物5,000万円、家財1,000万円まで**）
- ・被災時に支払われる保険金は、損害の程度に応じ、全損（保険金額の100％）、大半損（同60％）、小半損（同30％）、一部損（同5％）のいずれか

【問題17】 住宅用建物およびそれに収容している家財を保険の対象とする火災保険の一般的な商品性に関する次の記述のうち、最も不適切なものはどれか。なお、特約は付帯していないものとする。

1. 隣家の火災が延焼したことにより自宅建物が損傷した場合は、補償の対象となる。
   ①
2. 隣家の火災による消防活動で自宅建物が損傷した場合は、補償の対象となる。
   ②
3. 天候の急変に伴い落雷したことにより自宅建物が損傷した場合は、補償の対象となる。
   ③
4. 自宅建物の火災により書斎に保管していた現金が焼失した場合は、補償の対象となる。
   ④

①適切。

②適切。

③適切。

④不適切。現金は火災保険の補償の対象から除外されている。なお、住宅総合保険等では盗難については一定額が補償される。

正解 4

【問題18】 地震保険に関する次の記述のうち、最も適切なものはどれか。

1. 地震保険は、火災保険の契約時に付帯して契約する必要があり、火災保険の保険期間の中途では付帯することはできない。
   ①
2. 地震保険は、火災保険で補償されない噴火を原因とする火災および損壊による損害に対しても、保険金が支払われる。
   ②
3. 地震保険は、居住の用に供していない事業用の建物を保険の目的とすることができる。
   ③
4. 地震保険の保険金額は、主契約である火災保険の保険金額の30％から50％の範囲内で設定し、その限度額は建物が1,000万円、家財（生活用動産）が500万円である。
   ④

①不適切。保険期間の途中からでも契約することができる。

②適切。火災保険では補償されない地震・噴火・津波によって生じる損害を補償する。

③不適切。対象は居住用建物と家財。

④不適切。建物5,000万円、家財1,000万円が限度。

正解 2

67

10. 自動車保険

出題傾向	●自賠責保険の概要、任意の自動車保険の内容を理解しておく。

●自動車損害賠償責任保険（自賠責保険）●

概　要	・すべての車（**原動機付自転車も対象**）に加入が義務づけられる強制保険 ・保険金が支払われるのは**対人賠償**事故に限られている
保険金額	・死亡の場合1名につき最高**3,000万円**、一定の後遺障害の場合最高4,000万円、傷害の場合1名につき最高**120万円**（1事故あたりの限度額はない）
その他	・飲酒運転や無免許運転も保険金支払いの対象 ・加害車両が複数の場合は、それぞれの車について被害者1名につき最高保険金額まで支払われる ・加害者（被保険者）請求、被害者請求が可能

●自動車保険（任意保険）●

対人賠償保険	自動車事故で他人（配偶者・親・子を除く）を死傷させた場合に、自賠責保険の支払額を超える部分について保険金が支払われる。酒酔い・無免許運転であっても保険金は支払われる
自損事故保険	自賠責保険等で補償されない自動車事故で、自動車の保有者・運転者・同乗者が死傷した場合に保険金が支払われる
無保険車傷害保険	対人賠償保険が付いていない自動車との事故で、被保険者が死亡・後遺障害を負った場合に保険金が支払われる
対物賠償保険	自動車事故により他人（配偶者・親・子を除く）の財産に損害を与え、法律上の損害賠償責任（被害者の休業損害を含む）を負った場合に保険金が支払われる。酒酔い・無免許運転であっても保険金は支払われる
搭乗者傷害保険	自動車事故により運転者・同乗者が死傷した場合に、保険金が支払われる
車両保険	一般条件では、衝突・火災・単独事故・風水害・あて逃げ・窓ガラスの損壊・盗難など偶然な事故で自動車が損害を受けた場合に保険金が支払われる。いわゆるエコノミータイプでは単独事故・あて逃げの補償はないが、保険料を抑えられる。地震・噴火・津波の補償は特約の付帯が必要

＊リスク細分型自動車保険…契約者の年齢・居住地・性別などに応じて保険料を設定する保険。従来の保険料より安くなる場合と高くなる場合がある

＊人身傷害補償保険…自動車事故で死傷等した場合に、自己の過失割合にかかわらず、また、示談の成立を待たずに保険金が支払われる

●ノンフリート契約の自動車保険（任意保険）の等級ダウン等●

3等級ダウン事故	1等級ダウン事故	ノーカウント事故（1等級上がる）
対人・対物、車両保険により、1等級ダウン事故以外で保険金が支払われた場合	車両保険により、盗難・台風・いたずらなどの損害で保険金が支払われた場合	人身傷害保険等や特約のみから保険金が支払われた場合

【問題19】 自動車損害賠償責任保険（以下「自賠責保険」という）および任意加入の自動車保険に関する次の記述のうち、最も不適切なものはどれか。

1. 自動車（二輪自動車や原動機付自転車を含む）は、原則として、自賠責保険に加入していなければ運行することができない。
   ①

2. 自賠責保険の支払限度額は、被害者1名につき、死亡による損害については5,000万円、傷害による損害については120万円である。
   ②

3. 対人賠償責任保険では、自動車事故によって他人を死傷させ、法律上の損害賠償責任が生じた場合に、自賠責保険から支払われる金額を超える部分に対して保険金が支払われる。
   ③

4. 人身傷害補償保険では、自動車事故により被保険者が死傷した場合に、自己の過失部分も含めた損害について、保険金が支払われる。
   ④

①適切。

②不適切。死亡の場合、1名につき最高3,000万円。

③適切。

④適切。自己の過失割合に関係なく保険金が支払われる。

正解	2

【問題20】 任意加入の自動車保険に関する次の記述のうち、最も適切なものはどれか。

1. 対人賠償保険では、自動車を車庫に入れるとき、車両誘導中の運転者の父親に誤って接触し重傷を負わせた損害に対して、保険金が支払われる。
   ①

2. 対物賠償保険では、運転免許の失効中の自動車事故によって、第三者の財物に与えた損害に対して、保険金が支払われない。
   ②

3. 人身傷害補償保険では、自動車事故により被保険者が死傷した場合、自己の過失部分を除いた損害に対して、保険金が支払われる。
   ③

4. 一般条件の車両保険では、衝突や盗難等の偶然の事故によって受けた被保険自動車の損害に対して、保険金が支払われる。
   ④

①不適切。被保険者・運転者の父母・配偶者・子が被害者である場合には保険金は支払われない。

②不適切。無免許運転、酒酔い運転での事故の場合も保険金は支払われる。

③不適切。自己の過失割合に関係なく保険金が支払われる。

④適切。

正解	4

11. 傷害保険・賠償責任保険

出題傾向	●各傷害保険について、支払いの対象となるもの、ならないものを整理しておく。

●傷害保険●

概　要	・**急激**かつ**偶然**な**外来**（身体の外からの作用）の事故によって身体に被った傷害に対して保険金が支払われる ・保険料は、職業・職種が同じであれば、年齢にかかわらず同一
普通傷害保険	・国内・国外、業務上・業務外を問わず、日常生活の様々な事故による傷害に対し保険金が支払われる 〈普通傷害保険（特約がない場合）で保険金が支払われないケース〉 ×山岳登はん、スカイダイビングなど危険な運動によるケガ ×地震、噴火、津波によるケガ　×マラソン中の心臓発作で死亡 ×日射病　×細菌性食中毒（O-157など）──など
家族傷害保険	被保険者を本人、本人の配偶者、本人・本人の配偶者と生計を共にする親族、本人・本人の配偶者と生計を共にする別居の未婚の子としたもの**（保険事故発生時の続柄）**
海外旅行傷害保険	・海外旅行行程中（国内の住居を出てから帰宅まで）の傷害を補償 ・細菌性食中毒や地震等も保険金の支払対象となる
国内旅行傷害保険	・国内旅行行程中の傷害を補償（地震・噴火・津波は補償されない） ・細菌性食中毒も保険金の支払対象となる
交通事故傷害保険	・国内外での交通事故、交通乗用具（公共交通機関、エレベーター等を含む）乗車中・道路歩行中・建物内外での事故等による傷害を補償
年金払積立傷害保険	・傷害による死亡等を補償するとともに、保険期間の途中から給付を年金形式で受け取れる積立型保険 ・確定型と保証期間付有期型があり、終身型はない ・入通院特約なし

●個人賠償責任保険●

・日常生活における**偶然の事故**による損害に対する賠償責任をカバーする保険。被保険者は一般的に家族傷害保険と同じである
〈保険金が支払われないケース〉
　×**職業上の行為によって生じた賠償事故**
　×自動車（原動機付自転車を含む）による賠償事故
　×故意によって生じた賠償事故

チェックポイント

【問題21】 傷害保険に関する次の記述のうち、最も適切なものはどれか。ただし、特約は付帯していないものとする。

1. 普通傷害保険は、日本国内で発生した事故による傷害を保険金支払いの対象としており、国外で発生した事故による傷害は保険金支払いの対象ではない。
   ①
2. 家族傷害保険の被保険者の範囲は、本人、本人の配偶者、ならびに本人または配偶者と生計を一にする同居の親族であり、同一生計であっても別居の未婚の子は含まれない。
   ②
3. 国内旅行傷害保険の補償対象には、国内旅行中の細菌性食中毒も含まれる。
   ③
4. 海外旅行傷害保険は、海外旅行の目的で自宅を出発した時から出国するまでに利用した国内交通機関で発生した事故による傷害は保険金支払いの対象ではない。
   ④

①不適切。国内外を問わず、日常生活の様々な事故による傷害に対して支払われる。

②不適切。生計を共にする別居の未婚の子は被保険者に含まれる。

③適切。

④不適切。住居を出てから帰宅するまでの行程中の傷害を補償する。

正解 3

【問題22】 個人賠償責任保険の一般的な商品性に関する次の記述のうち、最も不適切なものはどれか。なお、特約については考慮しないものとする。

1. 被保険者には、別居の未婚の子を含めることはできない。
   ①
2. 業務中に第三者に誤ってぶつかり、ケガを負わせてそのための医療費がかかった場合、個人賠償責任保険から保険金は支払われない。
   ②
3. 原動機付き自転車で通行人に誤ってケガを負わせてそのための医療費がかかった場合、個人賠償責任保険から保険金が支払われない。
   ③
4. 故意により第三者の財産に損害を与えた場合は保険金の支払いの対象にならない。
   ④

①不適切。個人賠償責任の被保険者は、本人、配偶者、本人または配偶者の同居の親族、本人または配偶者の別居の未婚の子となっている。

②適切。業務中の事故に対しては保険金は支払われない。

③適切。

④適切。

正解 1

12. 損害保険と税金

出題傾向	●個人契約については、地震保険料控除を中心に理解しておくこと。 ●法人契約は、保険金の受け取りに関連する事項を理解しておくこと。

●地震保険料控除（所得控除）●

自己や自己と生計を一にする配偶者その他親族が所有する居住用家屋・生活用動産を補償の対象とする地震保険料や共済掛金が対象。少額短期保険は対象外

控除額
所得税…最高**50,000円**（支払保険料全額）　住民税…最高**25,000円**（支払保険料×1／2）
店舗併用住宅の場合は住宅部分の保険料のみが対象。ただし、居住用部分が家屋全体の90％以上の場合は、地震保険料全体が控除対象。1年を超える保険料は年数で按分する

経過措置…保険期間開始日が2006年12月31日以前の長期損害保険契約（保険期間が10年以上で満期保険金が支払われるもの）に係わる保険料については、従前の損害保険料控除を適用（所得税：15,000円、住民税：10,000円）

●保険金等（個人）●

・**入院・通院保険金、後遺障害保険金、所得補償保険金、損害賠償金**などは**非課税**
・死亡保険金・満期返戻金は、生命保険と同じ取扱い（62ページ参照）

火災保険	**非課税**
自動車保険	・対人賠償保険、対物賠償保険、人身傷害補償保険の相手過失分…**非課税** ・自損事故保険、搭乗者傷害保険、人身傷害補償保険の被保険者過失分…傷害保険と同じ取扱い ・無保険車傷害保険…被保険者、父母、配偶者、子に支払われる保険金は**非課税** ・車両保険…被保険者に支払われる保険金は**非課税**（当該車両を修理しない場合も）

●保険料・保険金等（法人）●

（積立）傷害保険	・積立保険料は資産、補償に関する保険料は損金（未経過分は資産計上） ・保険金を法人が受け取った時は、資産計上分を差し引いた分が益金 ・保険金を遺族・従業員が受け取った時は経理処理は不要であるが、支払保険料にかかる資産計上分があれば取り崩して損金
自動車保険	・法人所有の自動車で従業員が業務中に対人事故を起こし、損害賠償金が事故の相手方に直接支払われた当該損害賠償金は経理処理不要
火災保険	・法人が所有する建物・機械・自動車が損壊して保険金により代替資産（同一種類）を取得した場合、圧縮記帳が認められる（課税の繰り延べ） ・損壊のときに建設中の他の建物については、完成後に圧縮記帳の対象にすることはできない

【問題23】 地震保険料控除に関する次の記述のうち、最も適切なものはどれか。

1．店舗併用住宅を補償の対象とする地震保険の保険料は、原則として、店舗部分を除いた居住用部分に係る保険料のみが地震保険料控除の対象となる。①

2．地震保険を付帯した火災保険については、火災保険の保険料と地震保険の保険料を合計した保険料が地震保険料控除の対象となる。②

3．地震保険料控除の控除限度額は、所得税では40,000円、住民税では25,000円である。③

4．5年分の地震保険の保険料を一括で支払った場合、その全額が支払った年の地震保険料控除の対象となり、翌年以降の地震保険料控除の対象とはならない。④

チェックポイント

①適切。なお、居住用部分が家屋全体の90%以上の場合、地震保険料の全額が控除対象となる。

②不適切。地震保険料控除の対象となるのは、地震保険に係る保険料。

③不適切。控除限度額は所得税で50,000円、住民税で25,000円。

④不適切。１年を超える長期契約で保険料を一括で支払った場合、１年分に換算された保険料をもとに毎年控除を受けることができる。

正解	1

【問題24】 個人が契約者（＝保険料負担者・被保険者）である損害保険の税務に関する次の記述のうち、最も不適切なものはどれか。

1．住宅が焼失したことにより火災保険金を契約者が受け取った場合、その保険金は非課税である。①

2．自動車保険の車両保険から受け取った保険金は、一時所得として所得税の課税対象となる。②

3．子どもがケガをしたことにより家族傷害保険の通院保険金を契約者が受け取った場合、その保険金は非課税である。③

4．病気で就業不能となったことにより所得補償保険金を契約者が受け取った場合、その保険金は非課税である。④

①適切。

②不適切。車両保険は、損害を補てんするものであり非課税。

③適切。

④適切。

正解	2

13. 事業活動とリスク管理

出題傾向	●損害保険を中心に出題されている。

●生命保険の利用●

<table>
<tr><td colspan="2">経営者保険</td><td>・経営者に万一のことがあった場合の事業承継・相続対策資金、事業保障資金、死亡退職金・弔慰金資金の準備を目的として利用される
・主な契約形態：契約者＝企業、被保険者＝役員、受取人＝企業
・定期保険、養老保険、終身保険などがある</td></tr>
<tr><td rowspan="2">団体定期保険</td><td>総合福祉団体定期保険</td><td>・1年更新の定期保険（加入にあたっては被保険者の同意が必要）
・契約形態：契約者（保険料負担者）＝企業、被保険者＝従業員・役員、受取人＝企業または被保険者の遺族
・保険料は損金算入、従業員には給与課税なし
・ヒューマン・ヴァリュー特約の保険金は被保険者の死亡等による代替採用者の採用・育成費用の財源（企業が受取人）</td></tr>
<tr><td>Bグループ保険</td><td>・1年更新の定期保険。加入は任意。診査不要
・契約形態：契約者＝企業、被保険者・保険料負担者＝従業員等・受取人＝従業員等の遺族
・支払保険料は生命保険料控除の対象
・加入限度額は、保険会社と企業の間で任意に設定する（死亡退職金の限度額ではない）</td></tr>
</table>

●損害保険の利用●

労働災害総合保険	労働者災害補償保険（政府労災保険）の上乗せや事業主の労働災害にかかる損害賠償を補償する
生産物賠償責任保険 （PL保険）	製造・販売した製品や仕事の結果が原因で、他人を死傷させたり、他人の財物に損害を与えて賠償責任を負ったときに補償する
施設所有（管理）者 賠償責任保険	建物・設備などの施設を所有・使用・管理している人が構造上の欠陥や管理の不備によって、他人にケガをさせたり、他人のものを壊してしまい賠償責任を負ったときに補償する
請負業者賠償責任保険	建設工事・土木工事の請負業者などが請負作業の遂行中に、他人にケガをさせたり、他人のものを壊してしまい賠償責任を負ったときに補償する
店舗賠償責任保険	店舗等での事故、食品・製品の事故により、損害賠償責任を負ったときや、食中毒・伝染病によって休業したときを補償する
受託者賠償責任保険	受託・管理する他人のものを、滅失、毀損、盗難、紛失して賠償責任を負ったときに補償する
機械保険	工場、ビルなどに収容されている機械設備・装置が偶発的な事故**（火災等は除く）** によって損害を受けたときに、その修理費と損害に伴う費用が支払われる
利益保険・店舗休業保険	建物等が災害を被り、休業した場合の損失を補償する

【問題25】 生命保険を活用した事業活動のリスク管理に関する次の記述のうち、最も不適切なものはどれか。

1．平準定期保険は、経営者が死亡した場合に会社の資金繰りに支障が生じるリスクに備えた事業保障資金の財源として、活用することができる。
　　　　　　　　　　　　　　　　　　　　　①

2．逓増定期保険は、経営者の生存退職慰労金の財源として活用できるが、保険期間満了時には、通常満期保険金の支払いはない。
　　　　　　　　　　　　　　　　②

3．総合福祉団体定期保険は、従業員等の弔慰金・死亡退職金等の準備として活用できるが、契約を締結するに当たり、被保険者となることへの従業員の同意は必要ない。
　　　　　　　　　　　③

4．法人を契約者・保険金受取人、役員を被保険者とする生命保険契約について、役員勇退時に契約者を役員、保険金受取人を役員の遺族にそれぞれ変更し、生命保険契約に関する権利をその役員への生存（勇退）退職金の全部または一部とすることができる。
　　④

①適切。契約者・保険金受取人を法人、被保険者を経営者とすることで、経営者が死亡した場合の死亡保険金を事業保障資金の財源とすることができる。

②適切。

③不適切。契約を締結するにあたり、被保険者となることへの従業員の同意が必要。

④適切。

正解　3

【問題26】 損害保険を活用した事業活動のリスク管理に関する次の記述のうち、最も不適切なものはどれか。

1．製造業を営む企業が、労働者災害補償保険（労災保険）の上乗せ補償を目的に、労働災害総合保険を契約した。
　　　　　　　　　　　　①

2．飲食業を営む企業が、火災・爆発等の災害による営業の休止または阻害による利益の減少等に備えて、店舗休業保険を契約した。
　②

3．製造業を営む企業が、生産設備の不具合により製品が生産できなかった場合に、取引先から損害賠償を請求されることにより被る損害に備えて、生産物賠償責任保険（PL保険）を契約した。
　③

4．建設業を営む企業が、請負業務の遂行中に発生した事故により、他人にケガを負わせた場合に、法律上の損害賠償責任を負うことにより被る損害に備えて、請負業者賠償責任保険を契約した。
　　　　　　　　　　　　　　　④

①適切。労働災害総合保険は、労災保険の給付の対象となる労働災害を対象とした保険である。法定補償である労災保険の上乗せ補償や使用者の労災に関する損害賠償責任の補償を目的とする。

②適切。

③不適切。生産物賠償責任保険（PL保険）は、製品の製造・販売業者が製造・販売した製品に欠陥があり、それによって消費者の身体や財物に損害を与えたときに生じる、損害賠償責任をカバーするものである。

④適切。

正解　3

14. 保険制度全般①

★ ★

出題傾向	●保険契約者保護機構の概要、クーリングオフ制度について覚えておきたい。

●保険契約者保護機構（国内で営業する保険会社は強制加入）による保護●

	補償対象			補償割合
生命保険契約者保護機構	生命保険			**責任準備金等の90％**（注1）（注2）まで補償
損害保険契約者保護機構	損害保険（注1、注3）	損害保険（下記以外）	自賠責保険、家計地震保険 ★	補償割合100％
			自動車保険 ★	破綻後3ヵ月間は保険金を全額支払（補償割合100％）3ヵ月経過後は補償割合80％
			火災保険	
			その他の損害保険（賠償責任保険など）	
		疾病・損害に関する保険	保険期間1年以内の損害保険 ★ 海外旅行傷害保険	
			年金払型積立傷害保険 ★ 財産形成貯蓄傷害保険 確定拠出年金傷害保険	補償割合90％（注2）
			その他の疾病・傷害保険 ★ 上記以外の傷害保険、所得補償保険、医療・介護（費用）保険　など	

（注1）各種共済と少額短期保険業者は対象外。旧日本郵政公社の簡易生命保険契約は対象外だが、かんぽ生命は生命保険契約者保護機構に加入している。

（注2）「高予定利率契約」に該当する場合は、補償割合が90％から追加で引下げ。「高予定利率契約」とは、予定利率が、破綻時から遡って過去5年間、基準利率（3％）を常に超えていた保険契約。

（注3）損害保険の契約者が、個人・小規模法人・マンションの管理組合である場合に、上記のような補償内容となる。ただし★印のある保険は契約者を問わず補償の対象となる。

●申込の撤回・解除（クーリングオフ制度）●

①契約を撤回・解除できる期限	申込日またはクーリングオフの内容を記載した書面を受け取った日のいずれか遅い方から**8日以内**（当日を含む・消印有効）
②撤回・解除方法	保険会社に対して**書面・電子メール・ウェブサイト等**で行う
③撤回・解除ができないケース	・保険会社の指定した医師の診査が終了している場合 ・保険契約期間が1年以内の場合 ・法人が契約する場合、営業・事業のための契約 ・保険会社の事務所等で契約する場合 ・質権が設定された契約（団体信用生命保険等） ・特約の中途付加・更新・中途増額・復活（契約転換はクーリングオフの対象） ・財形保険、自賠責保険

【問題27】　保険契約者保護機構に関する次の記述のうち、最も適切なものはどれか。

1. 日本国内で営業する生命保険会社および損害保険会社であっても、日本国外に本社がある保険会社は、保険契約者保護機構への加入が任意とされている。
①

2. 全労済、都道府県民共済、ＪＡ共済等の共済や少額短期保険業者が取り扱う少額短期保険については、生命保険契約者保護機構の補償の対象とされている。
②

3. 生命保険契約については、保険会社破綻時の保険金・年金等の額の90％まで生命保険契約者保護機構により補償される。
③

4. 任意加入の自動車保険は、保険会社破綻後３ヵ月以内に保険事故が発生した場合、支払われるべき保険金の全額が損害保険契約者保護機構により補償される。
④

①不適切。国内で営業する生損保会社は、外資系であっても保険契約者保護機構に加入しなければならない。

②不適切。各種共済や少額短期保険業者は、生命保険契約者保護機構の対象外。

③不適切。原則として破綻時点の責任準備金の90％まで補償される。

④適切。

正解　　4

【問題28】　次の１～４のうち、保険業法におけるクーリングオフ制度の対象となっている契約はどれか。

1. 保険会社の指定した医師の診査が終了している契約
①

2. 保険期間が５年の契約
②

3. 個人事業主が営業のために行う契約
③

4. 自賠責保険
④

①対象外である。

②対象である。保険期間が１年を超える契約はクーリングオフの対象となっている。

③対象外である。

④対象外である。

正解　　2

15. 保険制度全般②

出題傾向	●ソルベンシー・マージン比率や保険募集の規制、保険法について覚えておきたい。

●ソルベンシー・マージン比率●

・大災害や株価の暴落など通常のリスクを超える規模のリスクが発生したときの保険会社の保険金の支払い能力を判断する指標

$$ソルベンシー・マージン比率 = \frac{ソルベンシー・マージン総額}{リスク合計額 \times 1／2} \times 100$$

・ソルベンシー・マージン比率の値が大きいほど、リスクに対して支払い余力があると判断される。この値が200％未満になると、金融庁は早期是正措置を発動できる

●保険募集に関する規制●

〈禁止行為〉

虚偽の説明、重要事項の不告知、不実告知を勧める行為、不当な乗換え行為、保険料の割戻しなどの特別利益の提供、不当な比較表示、など

〈その他の規制〉

・情報提供義務：保険募集人は、顧客と保険契約を締結する際、契約概要等の重要事項に加え、顧客が保険加入の判断の参考となる情報の提供を行わなければならない。

・意向把握義務：保険募集人は、顧客と保険契約を締結する際、顧客の意向に沿う保険契約を提案し、顧客の意向と合致していることを確認する機会を提供しなればならない。

・乗合代理店の追加規制：顧客に対して取扱商品の中から特定の保険会社の商品を推奨販売する場合、推奨理由について説明しなければならない。

●保険法●

保険契約に関する一般的なルールを定めた法律で、保険契約の締結から終了までの関係者の権利義務等が定められている。主なものは以下のとおりである。

適用拡大	保険契約（少額短期保険を含む）だけではなく、共済契約にも拡大
片面的強行規定	一部の契約を除き、保険法の規定よりも保険契約者等に不利な内容の約款の定めは無効
告知義務	保険者が告知を求めたものに告知（質問応答義務）。保険募集人による告知妨害や不実告知を勧めたときは、保険会社は告知義務違反を理由に解除できない。
被保険者の同意	契約者と異なる死亡保険契約は、被保険者の同意がないものは無効
受取人の変更	契約者は保険事故発生までは被保険者の同意があれば可能。法律上有効な遺言で可能（ただし契約者死亡時は相続人が保険会社に通知必要）
解除請求	重大事由による解除のほか、保険契約者と被保険者との間の親族関係が終了した等の場合、被保険者が解除請求できる
超過保険	火災保険の超過保険契約について契約者・被保険者が知らない場合でかつ重大な過失がないときは、その契約者は原則として超過部分を取り消すことができる。

【問題29】 保険業法に関する次の記述のうち、最も不適切なものは
どれか。

1．保険募集人は、顧客と保険契約を締結する際、原則として、契約概要等の重要事項に加え、保険金の支払条件など顧客が保険加入の判断の参考となる情報の提供を行わなければならない。①

2．保険募集人は、顧客と保険契約を締結する際、原則として、顧客の意向を把握し、意向に沿う保険契約を提案し、顧客の意向と当該保険契約の内容が合致していることを顧客が確認する機会の提供を行わなければならない。②

3．保険募集人は、顧客と保険契約を締結する際、原則として、契約者または被保険者の要請に応じて、保険料の割引や割戻しを行わなければならない。③

4．複数の保険会社の保険商品を販売する代理店（乗合代理店）は、顧客に対し、取扱商品の中から特定の保険会社の商品を推奨販売する場合、原則として、推奨した商品をどのように選別したのか、その理由についても説明しなければならない。④

①適切。

②適切。

③不適切。保険料の割引や割戻しは、特別利益の提供となり、保険業法で禁じられている。

④適切。

正解　3

【問題30】 保険法に関する次の記述のうち、最も不適切なものはどれか。

1．保険法は、生命保険契約、損害保険契約だけでなく保険契約と同等の内容を有する共済契約も対象に含まれる。①

2．保険契約者または被保険者になる者は、生命保険契約の締結に際し、保険会社から告知を求められた事項以外に保険事故の発生の可能性に関する重要な事項があれば、その者が自発的に判断して事実の告知をしなければならない。②

3．保険契約者や被保険者が故意に告知義務に違反した場合、保険会社は、原則として、保険契約を解除することができる。③

4．火災保険の超過保険契約があった場合に、その超過したことについて保険契約者および被保険者が善意でかつ重大な過失もないときは、その保険契約者は、原則として、超過部分について契約を取り消すことができる。④

①適切。

②不適切。保険会社が告知を求めたものに告知を行えばよい（質問応答義務）。

③適切。

④適切。

正解　2

C 金融資産運用

1. マーケット環境の理解①

出題傾向	●経済指標などについて基本的知識が問われる出題がされる。 ●金融政策に関する問題も出題可能性が高い。

●景気・物価指標●

国内総生産 （GDP）	・国内で作り出された財・サービスなどの付加価値の総額で、わが国は年間約600兆円。民間最終消費支出の比率が50％台と最も高い ・経済原則として、生産・支出・分配（所得）の３つの数値は等しいと考える。これを**三面等価の原則**という
経済成長率	GDPの増加率を示すもので、一国の経済の基調を全体として捉える指標。物価変動の影響を除去したものが実質経済成長率
景気動向指数	・**内閣府**が公表する総合的な景気指標。毎月、「先行指数」「一致指数」「遅行指数」の３つの景気CI（Composite Index）を発表している ・景気判断は**一致指数**を用いて、一般的に一致指数が上昇している時は景気の拡張局面、低下している時は後退局面とみなす。一致指数の動きと景気の転換点は概ね一致する ・以前は景気の波及度合いを示すDI（Diffusion Index）が主流であったが、近年、景気変動の大きさや量感を把握することがより重要となったことから、CI中心の公表形態へと移行している
日銀短観・業況 判断DI	・日本銀行の企業短期経済観測調査。年４回、調査・発表される ・日銀短観の中で最も活用されるのが「業況判断DI」。調査対象企業に業況が「良い」「さほど良くない」「悪い」の３つの中から回答をもらい指数を算出する ・業況判断DI＝（「良い」と回答した企業の割合）－（「悪い」と回答した企業の割合）
マネーストック	金融部門から経済全体に供給される通貨の総量。2008年４月からマネーサプライに代わり公表されている
消費者物価指数	家計が購入する商品・サービスの価格を示す指数（**総務省**が発表）
企業物価指数	企業間の取引や貿易取引における商品の価格を示す指数（**日本銀行**が発表）

●日銀の金融政策●

オペレーション （公開市場操作）	日銀が民間金融機関との間で国債の売買などを行うことにより、**買いオペレーション**（金融機関への資金供給）→**金利低下**、**売りオペレーション**（金融機関からの資金吸収）→**金利上昇**の誘導を行う。これらのオペレーションを通し、無担保コールレート（オーバーナイト物）が政策に沿って推移するよう金融調節を行う
マイナス金利 政策	2016年１月に、日銀当座預金の一部（政策金利残高）に▲0.1％のマイナス金利を適用することを決定。2024年３月に解除。
イールドカーブ・ コントロール	長短金利操作ともいい、2016年９月に導入を決定。長期金利（10年物国債金利）は０％程度で推移するように、短期金利は政策金利残高に▲0.1％の金利を適用するとした。2024年３月に終了を決定。

●短期金利と長期金利●

短期金利	１年以下の預金や貸出に適用する金利。コール金利、ＣＤ金利が代表的
長期金利	１年超の預金や貸出に適用する金利。新発10年もの長期国債の利回りが代表的

【問題 1 】　金融市場および財政・金融政策等に関する次の記述のうち、最も不適切なものはどれか。

1．景気刺激策として、減税や公共事業拡大などの財政政策を実施するための財源として多額の国債を増発すると、金利上昇につながる可能性がある。
①

2．通貨の価値について長期的にみると、経済成長率が高くインフレ率が安定している国や地域の通貨の価値の方が、経済成長率が低くインフレ率が不安定な国や地域の通貨の価値よりも高くなる傾向がある。
②

3．日本銀行が行う金融政策の手段の一つとして、短期金融市場における資金の需給関係に影響を与えるオペレーション（公開市場操作）がある。
③

4．一般に、インフレ懸念が生じると、日本銀行はいわゆる「売りオペ」の実施などにより市場に資金を供給し、金利を低めに誘導する政策をとる。
④

①適切。国債の増発により、国債の価格が下落すると金利は上昇する。

②適切。

③適切。

④不適切。売りオペにより資金を吸収し、金利を高めに誘導することになる。

正解	4

【問題 2 】　国内の景気や物価の動向を示す各種指標等に関する次の記述のうち、最も不適切なものはどれか。

1．支出面からみた国内総生産（GDP）の項目のうち、民間最終消費支出が最も高い構成比を占めている。
①

2．国内総生産（GDP）には名目値と実質値があり、物価の動向によっては、名目値が上昇していても、実質値は下落することがある。
②

3．景気動向指数には、ディフュージョン・インデックス（DI）と、コンポジット・インデックス（CI）の2つがあるが、ディフュージョン・インデックス（DI）を中心として公表されている。
③

4．日銀短観の業況判断DIは、業況が「良い」と回答した企業の社数構成比から、「悪い」と回答した企業の社数構成比を差し引いて算出されている。
④

①適切。

②適切。名目GDPが上昇していても、それ以上に物価が上昇している局面では、実質GDPは下落する。

③不適切。DIではなく、CIを中心として公表されている。

④適切。

正解	3

2. マーケット環境の理解②

●景気・物価・為替の変動と金利の動き●

景気・物価・為替の変動に伴って国内金利も変動する。一般的な動きを理解しておく必要がある

景気	**景気拡大** → 生産・販売活動が活性化 → 借入増大 → **金利上昇**
	景気後退 → 生産・販売活動が停滞 → 借入減少 → **金利低下**
物価	**物価上昇** → インフレ懸念 （お金はモノへ） → 借入増大 / 貯蓄意欲低下 → **金利上昇**
	物価下降 → インフレ懸念後退 （お金は貯蓄へ） → 借入減少 / 貯蓄意欲増大 → **金利低下**
為替	**円高予想** → 日本の金融商品の購入増大 / 輸入品値下がり → 物価安定 → インフレ懸念後退 → **金利低下**
	円安予想 → 日本の金融商品の購入減退 / 輸入品値上がり → 物価上昇 → インフレ懸念増大 → **金利上昇**

●固定金利と変動金利●

固定金利	預け入れたときの金利が満期まで変動しない方式
変動金利	金利水準の変化に連動して、預入期間中も適用利率が変動する方式

●金利動向予想と商品選択●

金利動向予想	選択すると有利な商品	
	固定・変動	期間
今後金利が上昇すると予想される場合	**変動金利商品**を選択	短期ものを選択
今後金利が下降すると予想される場合	**固定金利商品**を選択	長期ものを選択

●単利と複利●

単利	◎当初預け入れた元金に対してのみ利息が計算される方式
複利	◎一定期間ごとに支払われる利息を元金に足して、これを新しい元金とみなして利息が計算される方式 〈満期時の元利合計の計算式〉（収益満期一括受取り型の場合） ・税引き前：$元金 \times \left(1 + \dfrac{i}{100}\right)^n$ i＝利率：1年複利は年利率、半年複利は年利率÷2、1ヵ月複利は年利率÷12 n＝運用回数：1年複利は年数、半年複利は年数×2、1ヵ月複利は月数（年数×12） ・他の条件が同じなら、**1カ月複利＞半年複利＞1年複利**の順で満期受取額が多くなる ◎年平均利回り…1年当たりの平均収益が当初の元金に対してどれくらいの割合かを表したもの $年平均利回り（\%）= \dfrac{収益合計 \div 運用期間}{元金} \times 100$

【問題3】 わが国における一般的な円高要因として、最も不適切な
ものはどれか。なお、各選択肢に示した以外の条件は変
わらないものとする。

1．前期比や事前予想を大幅に上回る実質経済成長率の上昇
　　　　　　　　　　　　　　　　　　　　　　　　①
2．前期比や事前予想を大幅に上回る失業率の改善
　　　　　　　　　　　　　　　　　　　②
3．外貨建て金融商品の購入増加に伴う海外投資の増加
　　　　　　　　　　　　　　　　　③
4．財・サービスの輸出増加に伴う経常黒字の増加
　　　　　　　　　　　　　　　④

【問題4】 日本円・米ドル間の為替相場の変動要因に関する次の記
述のうち、最も適切なものはどれか。

1．米国の金利が上昇し日本との金利差の拡大が予想されるとき、
一般に、円高傾向となる。
　　　　　　①
2．米国の景気が日本と比較して相対的に後退局面となることが予
想されるとき、一般に、円安傾向となる。
　　　　　　　　　　　　②
3．日本の経常収支が米国と比較して相対的に悪化することが予想
されるとき、一般に、円安傾向となる。
　　　　　　　　　　③
4．日本の物価が米国と比較して相対的に上昇し、過度なインフレ
が予想されるとき、一般に、円高傾向となる。
　　　　　　　　　④

3. 銀行・郵便局の商品

| 出題傾向 | ●各種預貯金で１問出題される可能性がある。
●銀行・ゆうちょ銀行の代表的商品については覚えておく。 |

●銀行の商品●

	スーパー定期	大口定期	期日指定定期	変動金利定期	貯蓄預金
預入金額	**1円以上** 1円単位	**1,000万円以上** 1円単位	1円以上 1円単位	1円以上 1円単位	1円以上 1円単位
預入期間	1ヵ月以上 **10年以下**	1ヵ月以上 **10年以下**	1年以上 3年以下	1年以上	制限なし
金　利	固定金利			変動金利	変動金利
利息計算 その他	・**個人利用の 3年物以上 は半年複利 可（単利も 可）** ・3年未満は 単利	・**単利** ・金利は相対 で決定可能	・**1年複利** ・1年据え置 けば1ヵ月 以上前に通 知すること により解約 できる	・**個人利用は 半年複利可 （単利も可）**	・基準残高以 上の場合、 普通預金よ り原則高い 金利を付与 ・**決済機能が ない**

●信託銀行の商品●

金銭信託 （合同運用指定金銭信託 〈一般口〉）	預入金額は5,000円以上1円単位。1年以上で満期日を自由に設定できる。予定配当率は半年ごとに見直される変動金利。配当金支払いを受けるほか、半年複利にすることも可能。解約はいつでもできるが、所定の解約手数料が必要。元本補填契約あり

●ゆうちょ銀行の商品●

「ゆうちょ銀行」の商品の特徴としては一人当たり**2,600万円**（通常貯金〈通常貯蓄貯金を含む〉、定期性貯金、それぞれ1,300万円まで）という預入限度額があることである。

通常貯蓄貯金	最低預入額1円以上、基準残高は10万円以上の一種類
定額貯金 担保定額貯金	6ヵ月経過後は解約自由、最長**10年間**の預入れ、**固定金利で半年複利**運用。預入単位は1,000円以上1,000円単位。3年までは6ヵ月毎の段階金利で預入期間に応じた金利が預入時に遡って適用される
定期貯金 担保定期貯金	預入金額1,000円以上1,000円単位。1ヵ月以上で最長預入期間5年（1ヵ月以上3年未満は単利型のみ、3年以上は半年複利型のみ）。担保定期貯金は総合口座にセットできる
ニュー福祉定期 貯金	障害基礎年金、遺族基礎年金等の公的年金などの受給者が利用できる期間1年の定期貯金。一般の定期貯金よりも高い金利が適用される

【問題5】　各金融機関で取り扱う金融商品に関する次の記述のうち、最も適切なものはどれか。

1．貯蓄預金は、預入期間の定めのない流動性預金であり、公共料金などの自動支払口座として利用することができる。
　　　　　　　　　　　　　　　　　　　　　　　　　①

2．法人がスーパー定期預金を預け入れる場合は、単利型または半年複利型のいずれかを選択することができる。
　　　　　　　　　　　　　　　　　②

3．年0.025％の金利が適用される定期預金（単利型）に1億円を1年間預け入れた場合、所得税（復興特別所得税を除く）および住民税の源泉徴収（特別徴収）後の手取りの利息は、2万円である。
　　　　　　③

4．定額貯金の金利は変動金利で、半年複利となっており、預入期間に応じた金利が、預入時にさかのぼって適用される。
　　　　　　　　　　　　　　　　　　　　　　　　　　　　　　④

【問題6】　各種預貯金に関する次の記述のうち、最も不適切なものはどれか。

1．大口定期預金は、固定金利型の預金であり、預入金額1,000万円以上で設定が可能である。
　　　①

2．貯蓄預金は、公共料金などの自動支払いや給与・年金などの自動受取口座として利用することはできない。
　　　　　　　　　②

3．決済用預金は、決済用預金以外の預貯金の預入残高および利息の額にかかわらず、1金融機関につき預金者1人当たり元本1,000万円までが預金保険制度により保護される。
　　　　　　　　　　　　　　　　　③

4．ゆうちょ銀行の定期貯金の金利は、固定金利で、預入期間3年未満のものは単利型、3年、4年、5年ものは半年複利型である。
　　　　　　　　　　　　　　　　　　　　　　　　　④

4. 投資信託①

出題傾向	●投資信託からは１～２問出題される可能性が高い。 ●難しい出題も予想されるが、基本的な事項はしっかり覚えておきたい。

●投資信託（契約型）の仕組み●

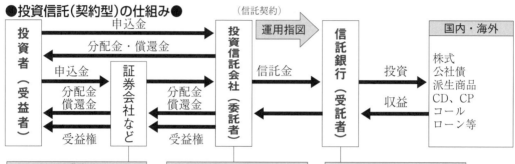

●投資信託の分類①●

組成形態 ─┬─ 契約型　証券投資信託などの仕組み
　　　　　└─ 会社型　不動産投資信託などの仕組み

募集方式 ─┬─ 公募
　　　　　└─ 私募

●投資信託の分類②●

●投資信託の運用スタイル●

【問題 7】 投資信託に関する次の記述のうち、最も適切なものはどれか。

1. 株式組入比率がゼロであっても、約款上の投資対象に株式が含まれていれば、株式投資信託に分類される。
①

2. 運用の委託者である投資信託委託会社は、投資家から集めた資金を信託財産として保管・管理し、信託財産の名義人となる。
②

3. ある投資家が投資信託を解約した場合に、継続して保有する投資家との公平性を保つため、その解約代金から差し引かれる金額は、信託報酬である。
③

4. 公募投資信託において、「クローズド期間」とは、一般に追加設定できない期間のことをいう。
④

①適切。

②不適切。投資家から集めた資金を保管・管理し、信託財産の名義人になるのは信託銀行である。委託者である投資信託委託会社の最も重要な業務は、信託財産の運用の指図を行うことである。

③不適切。信託報酬ではなく、信託財産留保額である。

④不適切。クローズド期間とは、解約請求が認められない期間をいい、運用資金の安定化を図るために設けられるものである。

正解 1

【問題 8】 株式投資信託等の運用スタイルに関する次の記述のうち、最も適切なものはどれか。

1. インデックス運用は、ベンチマークの動きにできる限り追従することを目指すため、銘柄の売買回数が多くなるなど、アクティブ運用に比べて運用のコストが高めとなる特徴がある。
①

2. アクティブ運用は、ベンチマークを上回る運用成績を目標とするため、国内株式を投資対象とする場合には、ベンチマークとして東証株価指数（TOPIX）と日経平均株価（日経225）のいずれかを用いることとされている。
②

3. トップダウン・アプローチとは、マクロ経済動向等にかかわらず、個別銘柄の投資指標の分析、リサーチの積上げにより銘柄を選定し、ポートフォリオ構築を図るアプローチである。
③

4. バリュー投資は、現在の利益水準や資産価値等から株価が割安であると考えられる銘柄に投資する手法である。
④

①不適切。インデックス運用は、アクティブ運用に比べて銘柄の売買回数は少なく、運用コストは低めとなる。

②不適切。国内株式に投資する場合、TOPIXや日経平均以外の指数をベンチマークとする場合もある。

③不適切。問題文はボトムアップ・アプローチの説明である。トップダウン・アプローチとは、マクロ経済分析により国別組入比率や業種別組入比率を決定する手法である。

④適切。

正解 4

5. 投資信託②

●主な投資信託●

インデックスファンド	日経平均やTOPIXなどの市場指数に連動するように設計された追加型の株式投信
ブル・ベア型ファンド	ブル型は相場が上昇すればそれ以上の収益が出るように、ベア型は相場が下落すれば収益が出るように設計されたファンド
不動産投資信託 （J-REIT）	不動産を主な運用対象とする投資信託。会社型と契約型があるが、会社型が主流。証券取引所に上場されれば、株式のように売買することができる。税金は基本的に株式と同じ
ETF（上場投資信託）	特定の市場指数等に連動することを目的に運用される投資信託。証券取引所に上場され、いつでも売買が可能。税金は株式と同様

●投資信託のディスクロージャー●

目論見書 （投資信託説明書）	募集あるいは販売中の投資信託の説明書。運用の基本方針、費用と税金、募集要綱等が説明されている。電子交付も可。投資家に必ず交付しなければならない「交付目論見書」と、請求があったときに交付する「請求目論見書」がある
運用報告書	投資信託の決算期ごとに投資家に交付されるもので、期間中の運用実績や今後の運用方針などが記載されている

●投資信託の費用●

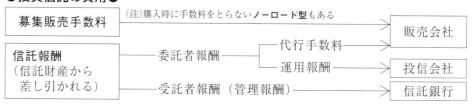

●投資信託のパフォーマンス評価●

・投資信託のパフォーマンス評価を行う場合、リターンのみからパフォーマンスの良し悪しを測るのではなく、リスクに見合ったリターンを得られたかどうかを判定する方法が用いられる
・リターンのうち無リスク資産（安全資産）を上回った部分（超過収益率）を、そのファンドの標準偏差（リスク＝リターンのぶれの大きさ）で除したものが「**シャープ・レシオ**（シャープの測度）」で、この値が大きいほど優れたパフォーマンスであったと評価される
計算式：**（ファンドの収益率 － 無リスク資産利子率）÷ ファンドの標準偏差**

●国内投資信託の税金●

・公社債投資信託の分配金は、利子所得として**20%**（復興特別所得税を含むと20.315％）の申告分離課税（申告不要可）
・株式投資信託の普通分配金は、配当所得として**20%**（20.315％）の源泉徴収（総合課税、申告分離課税、申告不要のいずれかを選択）。**元本払戻金（特別分配金）は非課税**
・公社債投資信託・株式投資信託とも、譲渡損益・償還差損益は、譲渡所得として20%（20.315％）の申告分離課税。譲渡損益・償還差損益は、公社債投資信託の利子所得や上場株式・株式投資信託の配当所得、他の上場株式・投資信託の譲渡損益・償還差損益との**損益通算**が可能。譲渡損失の翌年以降３年間の繰越控除可
・株式投資信託は、**NISA**（少額投資非課税制度）を利用できる（P106参照）

【問題9】 わが国の投資信託の特徴等に関する次の記述のうち、最も不適切なものはどれか。

1. 公社債投資信託は、運用対象が公社債等に限定されており、株式を組み入れることができない証券投資信託である。
①

2. 株式投資信託は、運用対象が株式等に限定されており、公社債を組み入れることができない証券投資信託である。
②

3. ETFは、上場株式と同様に、投資家が証券会社に注文を委託して証券取引所で売買することができる。
③

4. ベア型ファンドは、一般にデリバティブを活用して、ベンチマークとする市場指数の変動とは逆の動きとなるように設計されている。
④

①適切。

②不適切。株式投資信託は、株式を組み入れて運用することが可能な証券投資信託であって、運用対象が株式等に限定されているわけではない。

③適切。

④適切。

正解 2

【問題10】 わが国における証券投資信託の仕組みと特徴に関する次の記述のうち、最も不適切なものはどれか。

1. 受益証券の募集の取扱いおよび売買、収益分配金・償還金の支払いの取扱いを行うのは、投資信託委託会社のみである。
①

2. 投資家から集めた資金は、信託財産として、受託者の名義で保管・管理される。
②

3. 単位型（ユニット型）の投資信託において、解約請求できない期間を「クローズド期間」という。
③

4. 投資信託を信託期間の途中で換金した投資家から徴収した信託財産留保額は、信託財産中に留保され、基準価額に反映される。
④

①不適切。一般に、受益証券の募集の取扱いや売買、収益分配金・償還金の支払いの取扱いを行うのは、銀行や証券会社といった販売会社である。

②適切。

③適切。

④適切。信託財産留保額は、売却時のペナルティとして換金代金から差し引かれ、他の投資家のために信託財産に残す財産である。

正解 1

6. 債券投資①

出題傾向	●債券の問題は１～２問出題される可能性が高い。 ●債券の利回りや特徴、税金についてしっかりと覚えておく。

●利付債と割引債●

　債券の種類として、「**利付債**」と「**割引債**」がある。利付債は毎年決まった時期に利息が支払われる債券で、割引債は利息がまったく支払われない債券。割引債の場合は、額面金額よりも低い価格で発行され、額面金額で償還されるので、その償還差益が収益となる。

●債券の収益●

　利付債でいうと、「**利息**」（インカムゲインという）と満期まで持った場合には**償還差損益**または途中で転売したときには**売却損益**（キャピタルゲインという）が得られる。なお、債券の発行体が倒産して債務が履行できないリスク（デフォルトリスクという）がある

●債券の特徴●

①債券の価格と利回りは逆の関係にあり、**価格の下落＝利回りの上昇、価格の上昇＝利回りの低下**である
②金利変動による**債券価格の変動幅は、表面利率（クーポン）の低い債券、残存期間の長い債券ほど大きい**
③一般的に信用度の低い債券ほど利回りが高く、信用度の高い債券ほど利回りが低い

●債券格付け●

債券の信用度を第三者が評価し、信用度の高いものからAAA（トリプルＡ）～Ｃ（シングルC）などの記号で表示されている。**BBB（トリプルB）以上が投資適格債**。BB（ダブルB）以下が、投機的な債券で債務不履行（デフォルト）に陥るおそれが高め

●債券（国債や公募社債などの特定公社債）の税金●

利子	利子所得として**20%**（復興特別所得税を含め20.315%）の申告分離課税（申告不要可）
譲渡損益 償還差損益	・譲渡（償還）益：上場株式等の譲渡所得と同様、**20%**（20.315%）の申告分離課税 ・譲渡（償還）損：特定公社債等・上場株式等の利子・配当所得、譲渡（償還）益との**損益通算**や損失の繰越控除が可能

●個人向け国債●

種類	変動10年	固定５年	固定３年
償還期限	**10年**	**5年**	**3年**
金利	**変動金利**	**固定金利**	**固定金利**
発行月（発行頻度）	毎月（年12回）		
購入単位	１万円以上１万円単位		
利払い	半年ごと（年２回）		
金利設定方法	基準金利×0.66	基準金利－0.05%	基準金利－0.03%
金利の下限	下限金利として0.05%を最低保証		
中途換金	原則として、発行から１年経過すればいつでも換金可。換金金額は「額面金額＋経過利子－中途換金調整額」。元本割れのリスクはない		

【問題11】 債券投資の一般的なリスクに関する次の記述の空欄（ア）〜（ウ）に入る語句の組合せとして、最も適切なものはどれか。

> 債券の発行体の経営不安、財政難、その他の理由によって、利払いや償還金の支払いが遅延することも含め、不履行となる可能性が高まった場合、その債券の利回りは（　ア　）する。
>
> 債券の信用格付けが（　イ　）と、その債券の価格は値上がりし、利回りは低下する。①反対に、信用格付けが（　ウ　）と、その債券の価格は値下がりし、利回りは上昇する。②

1．（ア）上昇　（イ）引き上げられる　（ウ）引き下げられる
2．（ア）上昇　（イ）引き下げられる　（ウ）引き上げられる
3．（ア）下落　（イ）引き下げられる　（ウ）引き上げられる
4．（ア）下落　（イ）引き上げられる　（ウ）引き下げられる

①格付けが高い債券は安全性が高いため、利回りは低くても買ってもよいということになる。

②格付けが低い債券は、格付けが高い債券よりも安全性が劣るため、利回りが低いと買ってもらえない。そのため、利回りは高くなる。
なお、債券の価格と利回りは逆の関係にある。

正解　1

【問題12】 個人向け国債の仕組みと特徴に関する次の記述のうち、最も不適切なものはどれか。

1．10年満期の個人向け国債の適用利率は、「基準金利×0.66」である。①
2．5年満期の個人向け国債は、変動金利型で半年ごとに利率が決定されるが、最低金利が保証されている。②
3．3年満期の個人向け国債は、毎月発行される。③
4．個人向け国債は、いずれのタイプも、発行から1年経過すれば理由を問わずにいつでも換金できる。④

①適切。

②不適切。5年満期の個人向け国債は、固定金利型。

③適切。なお、「変動10年」と「固定5年」も毎月発行となっている。

④適切。

正解　2

7. 債券投資②

●債券の収益性を決める3要素●

「表面利率」「価格」「期間」を債券の3大要素という

表面利率	毎年支払われる1年間の利息の額面金額に対する割合のこと。クーポンレートまたは単に**クーポン**ともいう。表面利率は%で表示される
価　　格	債券が発行されるときの価格を「発行価格」、発行後償還までの間の途中で買った場合は「買付価格（購入価格）」、途中で売った場合は「売付価格（売却価格）」などという。価格は額面100円当たりの価格（円）で表される 　（注）債券は、必ずしも額面で発行されるわけではない。発行価格が額面（100円）より高いか低いかによって、次のように言われる 　　　　発行価格＞額面（100円）→オーバー・パー発行 　　　　発行価格＝額面（100円）→パー発行 　　　　発行価格＜額面（100円）→アンダー・パー発行
期　　間	発行から償還されるまでの期間を「償還期限（償還年限）」、途中で買って償還を迎えるまでの期間を「残存期間（残存年限）」、途中で買って途中で売るまでの期間を「所有期間」などという。期間は年で表される

●債券の利回り●

債券（利付債）の利回りは、所有形態によって、次のような言い方がなされる
①新発債を購入して、満期償還まで所有する場合→「**応募者利回り**」
②既発債を購入して、満期償還まで所有する場合→「**最終利回り**」
③新発債または既発債を購入して、償還以前に売却する場合→「**所有期間利回り**」
　　言い方は異なるが、いずれも「1年当たりの平均収益」（利子収入＋償還差損益または売却差損益の1年当たりの額）を「投資元本」で割るという考え方に基づいている
④この他、毎年確実に手にすることができる利子収入を投資元本で割って求める「**直接利回り**」がある

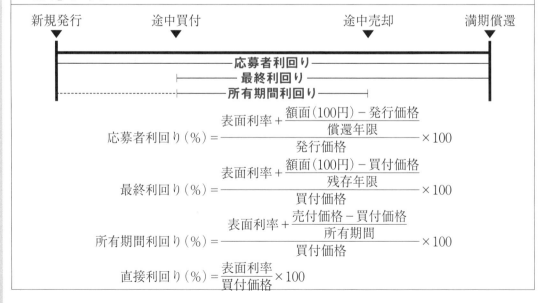

$$応募者利回り(\%) = \frac{表面利率 + \dfrac{額面(100円) - 発行価格}{償還年限}}{発行価格} \times 100$$

$$最終利回り(\%) = \frac{表面利率 + \dfrac{額面(100円) - 買付価格}{残存年限}}{買付価格} \times 100$$

$$所有期間利回り(\%) = \frac{表面利率 + \dfrac{売付価格 - 買付価格}{所有期間}}{買付価格} \times 100$$

$$直接利回り(\%) = \frac{表面利率}{買付価格} \times 100$$

【問題13】　債券投資のリスクに関する次の記述のうち、最も不適切なものはどれか。

1．債券の発行体が約定どおりの利子を支払えなくなったり、約定どおりの償還を行えなくなったりするリスクを、債務不履行リスクあるいは信用リスクという。
　　　　　　　　　　　　　　　　　　　　　①

2．債券の格付けとは、元利金の支払いの確実性（安全性）の度合いを、第三者である格付機関が判定し、それを簡単な記号で示したものである。
　　　　②

3．外国法人が日本国内で円建てで発行する債券を一般にサムライ債というが、サムライ債にはカントリーリスクも為替変動リスクもない。
　　　　③

4．新発国債を購入する場合、中期利付国債（2年）は、長期利付国債（10年）に比べ、価格変動リスクが小さい。
　　　　　　　　　　　　　　　　　　　　　　　　　④

正解　　3

【問題14】　表面利率が1.00％、発行価格が額面100円当たり98円、償還年限が10年の固定利付債券を新規発行時に購入し、3年後に額面100円当たり101円で売却した場合の所有期間利回り（単利・年率）として、正しいものはどれか。なお、手数料、経過利子、税金等については考慮しないものとする。

1．$\dfrac{1.00}{100} \times 100 = 1.00$ （％）

2．$\dfrac{1.00}{98} \times 100 \fallingdotseq 1.02$ （％）

3．$\dfrac{1.00 + \dfrac{100-98}{10}}{98} \times 100 \fallingdotseq 1.22$ （％）

4．$\dfrac{1.00 + \dfrac{101-98}{3}}{98} \times 100 \fallingdotseq 2.04$ （％）

2．は直接利回り

3．は応募者利回り

4．は所有期間利回り

正解　　4

8. 株式投資①

出題傾向	●様々な観点からの出題が予想されるが、相場指標、投資指標、株式売買などを中心に基本的なポイントは覚えておきたい。

●株式とは●

・株式とは、株式会社に資金を出資している証として、株主に対して発行される証書で、株主としての権利を表したもの。2009年1月から株券は電子化されている
・株主の権利として、経営参加権（株主総会に参加して経営に参加できる権利）、配当請求権（配当を受けられる権利）、残余財産分配請求権（会社解散時に残余財産の分配を受けられる権利）などがある
・社債（債券）と株式の大きな違いは、社債は返済の義務があるが、株式は返済の義務がない点

●株式の種類●

株式の取引形態による分類	上場株式	東京証券取引所などの証券取引所に上場されている株式
	未公開株	上場も公開もされていない株式
株式の取引単位による分類	**単元株**	株主になることができる取引単位の株式（100株単位で統一）
	ミニ株	単元株の10分の1の株数で取引できる方法。持ち株数が単元株に達しなければ、正式な株主になることができない

●株式の売買●

注文方法	**成行注文**	株を売買する際、売りたい値段、買いたい値段を指定せずに注文する方法
	指値注文	株を売買する際、売りたい値段、買いたい値段を指定して注文する方法
売買代金の計算	買付代金	「約定代金＋委託手数料＋消費税」で計算
	売付代金	「約定代金－委託手数料－消費税」で計算
受渡し		株式の売買代金は、売買成立の日（約定日）から起算して**3営業日目**に受渡しするのが原則
証券保管振替制度（ほふり）		上場株券を証券保管振替機構に預託し、株券の受渡しを口座振替によって簡略化する制度。名義書換えを行わなくても実質株主として登録され、株主としての権利を行使できる。配当金も直接、支払われる
信用取引		・証券会社に保証金（30万円以上かつ約定金額の30％以上）を預けて、株式投資に必要な資金を借りて株式を購入したり、株券を借りて株式を売却する取引。自己資金で行う現物取引に比べて、少ない資金で大きな取引ができる ・証券取引所などの規定に基づく「制度信用取引」と、各証券会社によって条件が異なる「一般信用取引」がある

【問題15】 わが国の株式取引の仕組みと特徴に関する次の記述のうち、最も不適切なものはどれか。

1. 信用取引とは、証券会社に保証金を預けて株式を買い付けるために必要な資金を借りて株式を購入したり、株券を借りて株式を売却する取引をいう。
　①
2. 株式の取引は、銘柄ごとに定められた最低単位である単元株数で行うのが一般的だが、単元株数の10分の1単位で行えるミニ株取引、さらには1株単位でも行える単元未満株取引の取扱いもある。
　②
3. ある銘柄について「500円で1,000株買い」という指値注文をした場合、490円で1,000株約定されることもある。
　③
4. 上場株式を証券取引所の普通取引で売買したときの受渡しは、売買成立の日の翌日から起算して3営業日目に行われる。
　④

【問題16】 株式の信用取引に関する次の記述のうち、最も不適切なものはどれか。

1. 信用取引は、投資家が証券会社から資金や株式を借り入れて株式の売買を行う取引である。
　①
2. 委託保証金は、金銭で差し入れる必要があり、有価証券を差し入れる方法は認められていない。
　②
3. 信用取引の決済方法には、反対売買による決済と「現引き・現渡し」による決済がある。
　③
4. 制度信用取引の建株を一般信用取引の建株に変更することはできず、一般信用取引の建株を制度信用取引の建株に変更することもできない。
　④

9. 株式投資②

●相場指標●

株式相場全体の動向を把握できるようにしたものが、相場指標である

単純平均株価	上場銘柄の株価を合計し、銘柄数で割ったもので、市場全体の平均的な株価水準を知ることができる
日経平均株価225種	株価の権利落ち（株式分割等により見た目の株価が下落する）や銘柄の入替えなどがあっても、連続性を失わないように工夫された東証プライム市場上場の225銘柄の**修正平均株価**
東証株価指数 （TOPIX）	旧東証第一部およびプライム市場上場の**全銘柄**を対象とした一種の**時価総額指数（加重平均株価）**。1968年1月4日の時価総額を100として、当日の時価総額を指数で示している

●投資指標●

指　標	算　式	意　味・使い方
配当利回り （単位：%）	$\dfrac{1株当たり年配当金}{株価} \times 100$	・配当による利回り
配当性向 （単位：%）	$\dfrac{年間配当金}{純利益} \times 100$	・当期の純利益のうち、どれだけを配当に向けたかを示す指標
PER （株価収益率） （単位：倍）	$\dfrac{株価}{1株当たり純利益}$ $1株当たり純利益 = \dfrac{純利益}{発行済株式数}$	・株価が1株当たり純利益の何倍まで買われているかを見る指標 ・PERが高い…利益に比べ株価が高い水準にある（割高） ・PERが低い…利益に比べ株価が低い水準にある（割安）
PBR （株価純資産倍率） （単位：倍）	$\dfrac{株価}{1株当たり純資産（薄価ベース）}$ $1株当たり純資産 = \dfrac{自己資本}{発行済株式数}$	・株価が1株当たり純資産（解散価値）の何倍まで買われているかを見る指標 ・PBRが1倍に近づくほど（1倍以下ほど）株価は割安と判断できる
ROE （自己資本利益率） （単位：%）	$\dfrac{純利益}{自己資本} \times 100$	・自己資本（純資産）を元として、どれだけの利益を上げたかを見る指標

●税金●

譲渡益課税	・株式を売却した場合、他の所得と分離して課税される（申告分離課税） ・税額＝年間の純譲渡益×税率 ・税率…**20%**（所得税15％、住民税5％）（復興特別所得税を含むと所得税15.315％＋住民税5％＝20.315％） ・控除できなかった損失は最長3年間の繰越控除ができる（要確定申告）
配当課税	・まず20％（20.315％）の源泉徴収 ・その後、次の3つの選択肢がある 　①申告不要（源泉徴収されたまま、確定申告不要） 　②**申告分離課税**（株式等の譲渡損失との**損益通算**が可能） 　③**総合課税**（配当控除が受けられる）

（注）**NISA**（少額投資非課税制度）を利用できる（P106参照）

【問題17】　株式市場の代表的な指標に関する次の記述のうち、最も不適切なものはどれか。

1．株式市場における<u>単純平均株価は、対象となる銘柄の株価の合計を、その銘柄数で除して求められる</u>。
　　　　　　　　　　　①

2．株式市場における<u>出来高は、その市場で成立した売買取引の量を数量（株数）で示したものである</u>。
　　　　　　　　　　　②

3．<u>東証株価指数（TOPIX）は、対象銘柄の浮動株を対象とする時価総額加重型の株価指数である</u>。
　　　③

4．<u>日経平均株価（日経225）の算出の対象銘柄は、全国の証券取引所上場銘柄から選ばれた225銘柄である</u>。
　　　　　　　　　　　　　　　④

【問題18】　株式投資の評価指標に関する次の記述のうち、最も不適切なものはどれか。なお、各数値は「1株当たり」の数値である。

1．<u>株価400円、年配当金5円、純資産および自己資本200円、純利益10円であるA社のPERは、40倍である</u>。
　　　①

2．<u>株価500円、年配当金5円、純資産および自己資本250円、純利益20円であるB社のPBRは、4倍である</u>。
　　　②

3．<u>株価600円、年配当金12円、純資産および自己資本300円、純利益30円であるC社の配当利回りは、2％である</u>。
　　　③

4．<u>株価700円、年配当金21円、純資産および自己資本400円、純利益20円であるD社のROEは、5％である</u>。
　　　④

チェックポイント

①適切。

②適切。売買高ともいい、売買が成立した株数を指す。

③適切。TOPIXは旧東証第一部およびプライム市場に上場している全銘柄を対象としているが、実際に市場で流通する可能性が高いと見なされる「浮動株」を基準としている。

④不適切。日経225は東証プライム市場上場の225銘柄から選ばれている。

正解　4

①適切。PER（倍）＝株価÷1株当たり純利益＝400円÷10円＝40倍

②不適切。PBR（倍）＝株価÷1株当たり純資産（自己資本）＝500円÷250円＝2倍

③適切。配当利回り（％）＝1株当たり年間配当金÷株価×100＝12円÷600円×100＝2％

④適切。ROE（％）＝1株当たり純利益÷1株当たり純資産（自己資本）×100＝20円÷400円×100＝5％

正解　2

10. 外貨建て金融商品

出題傾向	●常にではないが、1問ないし他の問題と組み合わされて出題される可能性がある。 ●範囲は広いが、基本的事項は覚えておきたい。

●TTSとTTB●

TTS	TTS（Telegraphic Transfer Selling Rate：対顧客電信売相場）とは、顧客が円を外国通貨に換える場合のレート。銀行サイドから見ると、外国通貨を顧客に売ったことになるので、〝売相場〟と呼ばれる
TTB	TTB（Telegraphic Transfer Buying Rate：対顧客電信買相場）とは、顧客が外国通貨を円に換える場合のレート。銀行サイドから見ると、外国通貨を顧客から買ったことになるので、〝買相場〟と呼ばれる

●外貨預金（外貨建て定期預金）●

概　　　要	・ドル、ユーロなどの外貨建ての定期預金。利息も外貨で付く ・金利はその外貨を発行している外国の金利を反映する ・為替リスクがある。**円安になれば為替差益**、円高になれば為替差損が生じる
期 間・金 利	・1ヵ月、3ヵ月、6ヵ月、1年など短期間が一般的 ・定期預金は固定金利
中 途 解 約	原則として、中途解約はできない
税　　　金	**利　　　息** 20%（20.315%）源泉分離課税。**マル優は利用できない** **為 替 差 益** **雑所得**（預入時に先物予約をつけている場合は20%源泉分離課税）

●外国債券●

種　類	通　貨			税　金		
	払込み	利払い	償還	利息	売買益	償還差益
外貨建て外債 （ショーグン債）	外貨	外貨	外貨	利子·所得 20% （20.315%） 申告分離 課税	譲渡所得 20%（20.315%） 申告分離課税	
デュアルカレンシー債	円	円	外貨			
リバース デュアルカレンシー債	円	外貨	円			
円 建 て 外 債 （サムライ債）	円	円	円			
ユ ー ロ 円 債	日本や外国の発行体が日本以外の市場（ユーロ市場）で発行する円建て債券					

●外貨建てMMF●

概　　　要	海外の投資信託会社によって外貨で運用される公社債投資信託
期　　　間	自由
申 込 単 位	ファンドによって異なる。**申込手数料はかからない**
換　　　金	購入日の翌日以降**いつでも**換金できる。換金手数料はかからない
税　　　金	・収益分配金：20%（20.315%）申告分離課税。マル優不可 ・売却益（為替差益）：2015年までは非課税であったが、2016年以降、上場株式等と同じく、譲渡所得として**20%**（20.315%）の申告分離課税 ・売却損（為替差損）：特定公社債等・上場株式等の利子・配当所得、譲渡（償還）益との損益通算や繰越控除が可能

【問題19】 個人（居住者）が国内の金融機関を通じて行う外貨建て金融商品の取引に関する次の記述のうち、最も適切なものはどれか。

1. 銀行の窓口において、TTB（対顧客電信買相場）を適用して100米ドルを円貨に替える場合、その銀行の円と米ドルのTTS（対顧客電信売相場）が1米ドル＝100円のときは、受け取る円貨は10,000円以上の金額となる。
①

2. 外貨建てMMFは、投資家が購入時に申込手数料を負担する必要がある。
②

3. 海外市場に上場する外国企業の株式を国内店頭取引の形態で売買する場合、外国証券取引口座を開設する必要がある。
③

4. 外国の政府または政府機関が日本国内で発行する外貨建て債券への投資には、為替変動リスクはあるが、カントリーリスクはない。
④

①不適切。金融機関の為替手数料があるため、TTBはTTSより低いレートとなる。したがって、必ずTTBは1米ドル＝100円未満になり、受取金額は10,000円より少ない金額となる。

②不適切。外貨建てMMFには申込手数料がかからない。

③適切。

④不適切。外貨建て債券には必ず為替変動リスクがある。また、外国の政府または政府機関が発行体であっても、国の信用リスクであるカントリーリスクはある。

正解 3

【問題20】 外国債券の一般的な特徴に関する次の記述のうち、最も不適切なものはどれか。

1. 国内における外国債券の取引は、取引所取引よりも店頭市場での相対取引が中心となっている。
①

2. 国内の証券会社で外国債券を取引する場合、外国証券取引口座の設定が必要となる。
②

3. 海外の発行体が日本国内において円建てで発行する債券を、ショーグン債という。
③
④

4. 購入代金の払込みと利払いを円で行い、償還金を外貨で支払う債券を、デュアル・カレンシー債という。
⑤

①適切。

②適切。

③サムライ債という。

④ショーグン債とは、海外の発行体が日本国内で外貨建てで発行する債券をいう。

⑤適切。

正解 3

11. 金融派生商品

出題傾向	●先物取引、オプション取引、スワップ取引等の金融派生商品の基本知識について、出題される可能性がある。

●金融派生商品（デリバティブ取引）とは●

・デリバティブ（Derivative＝派生商品）とは、商品、通貨、株式、債券、金利などの本来の金融商品（原資産）をもとに、リスク回避を目的に派生した取引
・先物取引、オプション取引、スワップ取引などがある

●先物取引●

・先物取引とは、将来の一定の時点（期限日）で代金の決済ならびに商品の受渡しを行う契約を現時点で行う取引。期限日前に、反対売買（買い契約の場合は転売、売り契約の場合は買戻し）して現物と代金を授受することなく差金決済することができる
・株式先物、債券先物、金利先物、通貨先物、商品先物があるが、いずれも相対取引（店頭取引）ではなく、**取引所取引**である

●オプション取引●

・オプション取引とは、ある商品（原資産）を一定期間内に特定の価格で、買い付けるまたは売り付ける権利を売買する取引のこと。買う権利を「**コールオプション**」、売る権利を「**プットオプション**」という
・オプション取引には、4つのパターンがある
　①コールの買い：買い手はプレミアム（オプション料）を支払い、買い付ける権利を取得する
　②コールの売り：売り手はプレミアムを受け取り、売り渡す義務を負う
　③プットの買い：買い手はプレミアムを支払い、売り付ける権利を取得する
　④プットの売り：売り手はプレミアムを受け取り、買い取る義務を負う
・買い手の損失は支払ったプレミアムに限定され、利益は無限であるが、売り手の利益はプレミアムに限定され、損失は無限である

●スワップ取引●

・スワップ取引とは、現在価値の等しいキャッシュフローを交換する取引のこと
・同じ通貨で異なるタイプの利息を交換する金利スワップ、異なる通貨の利息などを交換する通貨スワップ、株価指数と金利の交換などを行うエクイティ・スワップ、原油価格や金価格などの商品価格を対象にしたコモディティ・スワップなどがある

【問題21】　金融派生商品に関する次の記述のうち、最も不適切なものはどれか。

1．先物取引とは、ある商品の特定の数量について、将来のある一定の時点を期限として、あらかじめ定めた価格で売買することを契約する取引のことをいう。

2．スワップ取引とは、当事者間の合意に基づき、異なる特定の金利や通貨等について、あらかじめ契約した条件のもとに交換する取引のことをいう。①

3．オプション取引とは、将来のある一定の期日までに株式・債券・商品など特定の原資産を、あらかじめ決められた特定の価格で売り買いする権利を売買する取引のことをいう。

4．オプション取引においては、売る権利のことをコールオプションといい、買う権利のことをプットオプションという。②

①適切。スワップ取引の代表として、同一通貨の固定金利と変動金利を交換する金利スワップがある。

②不適切。買う権利のことをコールオプション、売る権利のことをプットオプションという。

正解　　4

【問題22】　国内金融商品取引所における市場デリバティブ取引に関する次の記述のうち、最も不適切なものはどれか。

1．大阪取引所で行われる長期国債先物取引は、利率や償還期限などを標準化して設定された「標準物」を取引の対象としている。①

2．TOPIX先物取引は、取引最終日までに転売または買戻しによって決済する方法と、最終決済期日に最終決済する方法がある。②

3．オプション取引には、取引開始日から取引最終日までいつでも権利行使可能なヨーロピアンタイプと、満期日に限り権利行使可能なアメリカンタイプがある。③

4．オプション取引において、「コール」、「プット」にかかわらず、買い手の損失は限定される。④

①適切。長期国債先物取引では、取引円滑化のため証券取引所がクーポンレート（利率）、償還期限などを標準化し、設定した「標準物」が取引対象とされている。

②適切。TOPIX先物取引では、決済は差金決済となっており、取引最終日までに転売または買戻しによって決済する方法と、最終決済期日に最終決済する方法がある。

③不適切。権利行使日が満期日のみに限られるタイプをヨーロピアンタイプ、満期までの任意の時点で権利行使が可能なタイプをアメリカンタイプという。

④適切。コールオプション、プットオプションいずれの購入においても、買い手の損失は限定されている。

正解　　3

12. ポートフォリオ運用

出題傾向	●ポートフォリオ理論に関する基本的な問題が出題される可能性が高い。

●期待収益率●

・証券投資においては、将来の収益を正確に予測することは不可能だが、実現しそうな確率を予測し、その起こり得る確率における投資収益率を加重平均することで、その投資対象の収益性を計測することが可能である。この加重平均値を「**期待収益率**」という
・期待収益率を求める計算方法

> 期待収益率（%）＝ R_1% × r_1 ＋ R_2% × r_2 ＋……………＋ R_t% × r_t
> 　R：収益率、 r：収益率がR％となる確率

・ポートフォリオ（複数の証券を組み合わせた投資）の期待収益率の計算方法→各証券の期待収益率を投資比率で加重平均する
（例）証券Aと証券Bに6：4の割合で投資する場合

> ポートフォリオの期待収益率＝証券Aの期待収益率×0.6＋証券Bの期待収益率×0.4

●標準偏差●

・証券投資における**リスクとは、不確実性**・ばらつき度合いを指す。予想収益率の平均値である期待収益率から、起こりうる値が大きくばらついていれば、将来は不確実でリスクは高い。リスク＝ばらつき度合いを測定する方法として、「**分散**」と「**標準偏差**」が用いられている
・「分散」「標準偏差」を求める計算方法

> 分散＝ $(R_1$% －期待収益率$)^2$ × r_1 ＋ $(R_2$% －期待収益率$)^2$ × r_2 ＋……
> 　　　＋ $(R_t$% －期待収益率$)^2$ × r_t
> 　R：収益率、 r：収益率がR％となる確率
> 標準偏差＝$\sqrt{\text{分散}}$

・ポートフォリオのリスクは、複数の証券の標準偏差を加重平均したものではなく、値動きの異なるものを組み合わせることによって、リスクの低減を図ることができる

●相関関係●

・ポートフォリオのリスク低減効果は、組み入れられた証券同士の値動きがどの程度似ているかという相関関係によって決まってくる
・相関関係は、**相関係数**（－1から1の範囲の数値）で表され、**－1に近づくほどリスク低減効果**が得られる。
・相関係数＝－1の場合、証券同士がまったく逆に動く。相関係数＝0の場合、証券同士はまったく関係ない動きをする。相関係数＝1の場合は、証券同士がまったく同じ動きをする

【問題23】 ポートフォリオ理論に関する次の記述のうち、最も適切なものはどれか。

1. 相関係数は、1から−1までの数値で表示され、1に近いほど、ポートフォリオのリスク低減効果は高い。
①

2. シャープレシオは、ポートフォリオ全体の収益率から無リスク資産収益率を減じたものを、ポートフォリオ全体のリスク（標準偏差）で除すことにより求められる。
②

3. 投資対象ごとに計測されるリスク（標準偏差）は、個々の投資における損失率を予想した数値である。
③

4. アセットアロケーションとは、株式投資において、値動きの小
④
さな銘柄に集中投資し、リスク低減効果を高めることをいう。

【問題24】 ポートフォリオの期待収益率は、各資産の期待収益率をポートフォリオの構成比で加重平均することで求められる。下記のポートフォリオの期待収益率として、正しいものはどれか。

資 産	ポートフォリオの構成比	期待収益率
預貯金	50%	0.3%
債 券	30%	1.2%
株 式	20%	7.0%
合 計	100%	

1. 8.50%

2. 2.83%

3. 1.91%

4. 0.63%

13. 金融商品と税金

出題傾向	●税金の取扱いについては、投資信託、債券、株式の税金の出題が多く、それぞれの項目も確認してもらいたい。 ●NISAについての出題可能性が高くなっている。

●預貯金の利子所得課税の原則●

他の所得と区分して、一律**20%**（所得税15％＋住民税５％）※の源泉分離課税（利息支払時に税金を天引きして、課税関係が完全に終了する）。

※復興特別所得税を加えると、**20.315%**（所得税15.315％＋住民税５％）

●財形貯蓄●

財形貯蓄には、一般財形貯蓄、財形年金、財形住宅の３種類があり、いずれも給与天引きで毎回一定額を積み立てていく財産形成のための制度。**財形年金・財形住宅**は合算して**550万円**までは利子が非課税（一般財形は課税）。

●2024年からの新NISA制度（少額投資非課税制度）●

	成長投資枠	つみたて投資枠
利用できる人	18歳以上の成人	
口座開設期間 （新規で投資できる期間）	いつでも可能（恒久化）	
非課税対象	上場株式（整理・監理銘柄は除外）・公募株式投資信託等（信託期間20年未満・毎月分配型・高レバレッジ型は除外）	積立・分散投資に適した一定の公募株式投資信託とETF（2023年までのつみたてNISA対象商品と同じ）
投資手法	制約なし （一括投資・積立投資いずれも可能）	積立投資に限定
非課税投資枠	年間240万円	年間120万円
	※成長投資枠とつみたて投資枠の**併用が可能**（併用した場合、年間360万円まで投資が可能	
非課税保有限度額 （生涯投資枠）	1,800万円　※簿価残高方式で管理（非課税枠の再利用が可能）	
	1,200万円（内枠）	
非課税期間	無期限	
2023年までの 制度との関係	2023年までに一般NISA・つみたてNISAで投資した商品は、新NISAの外枠で（別枠で管理）、投資時点の非課税措置を適用（新NISAへのロールオーバーは不可）	

（注１）売却はいつでも自由。

（注２）譲渡損失はなかったものと見なされるため、課税口座との損益通算等はできない。

【問題25】 金融商品に係る国内居住者（個人）の課税関係に関する次の記述のうち、最も適切なものはどれか。なお、復興特別所得税は考慮しない。

1．株式投資信託（追加型）の特別分配金は、配当所得として20%の税率により源泉徴収される。
　①
2．株式投資信託（追加型）の売却による差益は、一時所得として総合課税の対象となる。
　②
3．上場株式等の譲渡所得の金額の計算上生じた損失の金額は、申告分離課税を選択した上場株式等の配当所得の金額から控除することができる。
　③
4．国債や公募社債などの特定公社債の譲渡益は非課税である。
　④

①不適切。普通分配金とは異なり、特別分配金は元本の払戻しに相当するため非課税。

②不適切。譲渡所得として20%（復興特別所得税を含むと20.315%）の申告分離課税の対象。

③適切。

④不適切。国債など特定公社債の譲渡益は従来は非課税であったが、2016年から上場株式等と同様20%（20.315%）の申告分離課税扱いとなった。

正解　3

【問題26】 2024年からのNISA制度に関する次の記述のうち、最も適切なものはどれか。

1．成長投資枠で年間240万円、つみたて投資枠で年間120万円まで投資できるが、両者は併用できず、どちらか一つを選択しなければならない。
　①
2．生涯で最大1,800万円まで投資できるが、そのうち成長投資枠で最大1,200万円まで投資できる。なお、成長投資枠は利用しなくてもよく、つみたて投資枠だけで最大1,800万円までの投資も可能である。
　②
3．成長投資枠で投資できる上場株式等には、上場投資信託（ETF）や上場不動産投資信託（J-REIT）は含まれない。
　③
4．NISA口座内の上場株式等の譲渡損失の金額については、確定申告を行うことにより、課税口座で受け取った配当金等の金額と損益通算することができる。
　④

①不適切。成長投資枠とつみたて投資枠は併用することができ、併用した場合、年間360万円までの投資が可能。

②適切。

③不適切。成長投資枠で投資できる上場株式等には、ETF、J-REIT、公募株式投資信託などが含まれる。なお、公社債や公社債投資信託などは対象外。

④不適切。NISA口座内の譲渡損失はなかったものと見なされ、課税口座との損益通算や損失の繰越控除はできない。

正解　2

14. 消費者保護&関連法規

出題傾向	●預金保険制度の対象となるもの、ならないものを覚えておく。 ●消費者契約法・金融サービス提供法の出題頻度は高い。

●預金保険制度●

<table>
<tr><td rowspan="4" colspan="2"></td><td></td><td>1,000万円まで</td><td>1,000万円超</td></tr>
<tr><td rowspan="3">預金保険対象商品</td><td>決済用預金（注）
当座預金
無利息普通預金等</td><td colspan="2" style="text-align:center">全額保護
（注）決済用預金：「無利息、要求払い、決済サービスを提供できること」の3条件を満たす預金。</td></tr>
<tr><td>有利息普通預金
定期預金
元本補填契約のある金銭信託、金融債（保護預かり専用商品のみ）等</td><td>元本1,000万円までと
その利息等を保護</td><td rowspan="2">（破綻金融機関の財産の状況に応じて支払われる。一部カットの可能性あり）</td></tr>
<tr><td>預金保険対象外商品
（外貨預金、金融債〈募集債〉等）</td><td></td></tr>
</table>

〈預金保険制度の対象とならない主な金融商品〉

> **外貨預金**、譲渡性預金（CD）、金融債（募集債および保護預かり契約が終了したもの）、元本補填契約のない金銭信託、無記名預金、他人・架空名義預金等

（注）・ゆうちょ銀行は預金保険機構に加入している
　　　・農協の場合には、預金保険制度と同様の「農水産業協同組合貯金保険制度」がある
　　　・証券会社の場合は、預り金や保護預り証券を分別管理しているので、証券会社が破綻しても預り資産は返還されることになる。さらに、証券会社の違法行為により、預かり資産が返還されない場合のために「**投資者保護基金**」があり、1人当たり1,000万円まで補償される

●消費者契約法と金融サービス提供法●

消費者契約法	法律	金融サービス提供法
消費者契約全般	適用範囲	金融商品販売に係わる契約
個人 （事業のために契約をする個人を除く）	保護の対象	個人および事業者（プロを除く）
・重要事項について**誤認**させた場合（不実告知、断定的判断の提供、不利益事実の不告知） ・**困惑惹起行為**をしたとき（不退去、退去妨害など）	法律が適用される場合	・次の事項について、**説明義務違反**をしたとき①元本割れが生じるおそれの有無およびその要因②権利行使期間の制限等 ・断定的判断の提供
契約を取り消しできる	法律の効果	**損害賠償を請求**できる
原告（消費者）に立証責任	立証責任	重要事項の説明がなかったことについては原告（消費者）に立証責任
追認できるときから1年または契約締結から5年	時効	損害・加害者を知ったときから3年または不法行為のときから20年

●金融商品取引法●

証券取引法を改正して、投資家保護をさらに拡充するため対象商品を有価証券からリスク商品全般に拡充した。さらに、行為規制や投資家をプロとアマに区分けするなどしている。また、広告等の表示についても細かく規制している。

【問題27】 わが国における個人による金融商品取引に係るセーフティーネットに関する次の記述のうち、最も適切なものはどれか。

1. 国内銀行に預けられている外貨預金は、預金保険による保護の対象である。
　①
2. 個人事業主の場合（法人格がない場合）、事業用の預金と事業用以外の預金は、分けて預けていれば、それぞれ1,000万円まで預金保険によって保護される。
　②
3. 国内銀行が保護預かりしている国内設定の投資信託は、投資者保護基金による補償の対象である。
　③
4. 国内証券会社が保護預かりしている 一般顧客の外国株式は、投資者保護基金による補償の対象である。
　④

【問題28】 金融サービスの提供及び利用環境の整備等に関する法律（以下「金融サービス提供法」という）および消費者契約法ならびに金融商品取引法に関する次の記述のうち、最も不適切なものはどれか。なお、本文においては、金融商品取引業者等を「業者等」という。

1. 金融サービス提供法における金融商品の販売に該当する取引には、外国為替証拠金取引が含まれる。
　①
2. 金融商品の販売において、金融サービス提供法と消費者契約法の両方の規定に抵触する場合には、消費者契約法が優先して適用される。
　②
3. 金融商品取引法では、業者等が行う金融商品取引業の内容に関する広告等について、著しく事実に相違する表示をし、また著しく人を誤認させるような表示をしてはならないとされている。
　③
4. 金融商品取引法では、業者等は、金融商品取引契約の締結前に、原則として、あらかじめ顧客に対して金融商品取引契約の概要等を記載した書面を交付しなければならないとされている。
　④

チェックポイント

①不適切。預金保険による保護は円建ての預金等が対象で、国内銀行の取扱いでも外貨預金は保護の対象外。
②不適切。法人格がない個人事業主の預金は、事業用と事業用以外で分けて預けていても、同一人の預金とされ、合算して1,000万円までの保護となる。
③不適切。投資者保護基金は証券会社のみが加入しており、銀行で購入した投資信託は補償対象外。投資信託そのものは、投資家の財産である信託財産が保全される仕組みになっている。
④適切。一般顧客が証券会社に預託した金銭、有価証券等は保護対象なので、外国株式も対象となる。

正解　4

①適切。預貯金、信託、保険、株式、債券、投資信託などに加え、外国為替証拠金取引（FX）やデリバティブ取引も適用対象。なお、海外商品先物取引と大阪取引所における商品先物取引は適用対象だが、これ以外の国内商品先物取引は対象外。

②不適切。金融サービス提供法と消費者契約法の両方の規定に抵触する場合は、金融サービス提供法を適用することもできるし、消費者契約法を適用することもできる。

③適切。

④適切。「契約締結前の書面」の交付を義務付けている。

正解　2

D タックスプランニング

1. 税制の概要

重 要 度
★ ★

出題傾向	●主な税金について、国税か地方税か、直接税か間接税か、採用している税率は超過累進税率か比例税率かなどを押さえておく。

●国税と地方税、直接税と間接税●

国 税	直接税		所得税、法人税、相続税、贈与税など
	間接税		消費税、印紙税、登録免許税、酒税など
地方税	道府県税	直接税	道府県民税、事業税、不動産取得税など
		間接税	地方消費税、ゴルフ場利用税など
	市町村税	直接税	市町村民税、固定資産税、都市計画税など
		間接税	入湯税など

●申告納税方式と賦課課税方式●

申告納税方式	納税者が申告により納税額を確定する方式	所得税、法人税など主な国税で採用
賦課課税方式	租税行政庁が納税額を確定する方式	個人住民税、不動産取得税、固定資産税など地方税で主として採用

●超過累進税率と比例税率●

超過累進税率	課税対象額が増えるに従って適用税率が段階的にアップしていくもの	所得税、相続税、贈与税
比 例 税 率	課税対象額の大小を問わず税率が一定のもの	法人税、消費税など。2007年からは個人住民税（所得割）も10％の比例税率

●所得税・住民税でみる超過累進税率と比例税率●

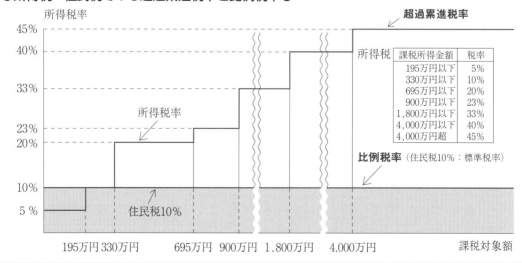

【問題1】 わが国の税制に関する次の記述のうち、最も不適切なものはどれか。

1. 自動車税は地方税であり、賦課課税方式を採用している。
　①
2. 所得税は国税であり、原則として申告納税方式を採用している。
　②
3. 事業税は地方税であり、法人事業税においては申告納税方式を採用している。
　③
4. 不動産取得税は国税であり、賦課課税方式を採用している。
　④

【問題2】 わが国の税制の仕組□□□□□□□□ち、最も不適切なものはどれか□□

1. 申告納税方式は、所得税や□□□□□□□用されている。
　①
2. 固定資産税や都市計画税□□□□□□□□である。
3. 所得税や個人住民税は、課□□□□□□て適用税率がアップしていく超過累□□□□□□□□
4. 賦課課税方式では、租税□□□□□□□□

■チェックポイント

①適切。自動車税は、賦課課税方式の地方税（道府県税）である。

②適切。

③適切。ちなみに、個人事業税においては賦課課税方式を採用している。

④不適切。不動産取得税は、賦課課税方式の地方税（道府県税）である。

正解　4

①適切。

②適切。

③不適切。個人住民税は、超過累進税率ではなく、比例税率である。

④適切。

正解　3

2. 所得税の基本

| 出題傾向 | ●タックスプランニングでは、所得税からの出題が中心となる。
●所得税の基本的知識は、しっかりと身につけておきたい。 |

●所得税の基本●

暦年（れきねん）課税	個人が1月1日～12月31日に得た所得に対して課税される
所得は10種類に分類	いろいろな収入を**10種類**の所得に分類し、各所得ごとに所得の金額を計算する
総合課税と分離課税	※原則は総合課税（各種所得を合計して税額が計算される方法） ※分離課税（他の所得と合計せずに分離して税額が計算される） ・**申告分離課税**：土地建物を売ったときの譲渡所得、株式を売ったときの譲渡所得は、申告により納税 ・**源泉分離課税**：預貯金の利子などは、収入を得た時点で税金が天引きされて納税が完了する
非課税となる所得	**障害年金、遺族年金、失業給付、サラリーマンの通勤手当（月15万円まで）、宝くじの当選金、損害賠償金、生活用動産の譲渡（一定のものは除く）、**NISA口座内の上場株式等の配当金・譲渡益、子ども手当、強制換価手続による資産の譲渡などは非課税

●納税義務者●

区　分		課税対象となる所得
居住者 （注1）	非永住者以外 （一般の人）	すべての所得（**国内及び国外源泉所得**）
	非永住者 （注2）	**国内源泉所得**および国外源泉所得で国内で支払われたもの、または国外から送金されたもの
非居住者	―	**国内源泉所得**（例：国内のアパートの家賃など）

（注1）国内に住所または現在まで引き続き1年以上居所を有する人
（注2）居住者のうち日本国籍を有しておらず、かつ過去10年以内の間に国内に住所等を有する期間の合計が5年以下である人

●所得税の計算の流れ●

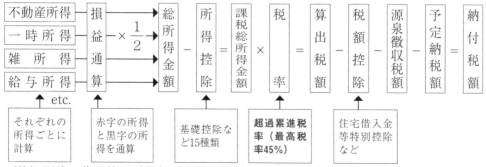

（注）別途、復興特別所得税（基準所得税額×2.1％）も併せて納税となる。

【問題3】 所得税の原則的な仕組みに関する次の記述のうち、最も不適切なものはどれか。

1．所得税法では、所得を発生形態別に分類し、それぞれの所得ごとに定められた計算方法により、所得の金額を計算することとしている。
①

2．所得税は、原則として、個人が1月1日から12月31日までの間に得た所得に対して課税される。
②

3．課税総所得金額に対する所得税額は、所得の金額にかかわらず、一律の税率により計算される。
③

4．所得税は、納税者本人が税額を計算し、自主的に申告・納付する申告納税方式を採用している。
④

チェックポイント

①適切。所得税では、臨時的・一時的な所得は毎年発生する経常的な所得に比して税負担を軽減している。

②適切。所得税は毎年1月1日から12月31日までの一暦年間に得た所得に対して課税される国税である。

③不適切。所得税は原則として最低税率5％から最高税率45％の超過累進税率により課税が行われる。

④適切。固定資産税などのように市町村等が税額を計算し、納税者が納税通知書に従って納税する制度を賦課課税制度という。

| 正解 | 3 |

【問題4】 所得税の非課税所得に関する次の記述のうち、最も不適切なものはどれか。

1．厚生年金の被保険者が死亡した場合に遺族に支給される遺族年金は、非課税所得である。
①

2．最も経済的かつ合理的な経路による通勤用定期乗車券の金額（最高月額15万円）は、その支給を受けた者にとって非課税所得になる。
②

3．オープン型の証券投資信託の収益の分配のうち、信託財産の元本の払戻しに相当する特別分配金は、非課税所得になる。
③

4．納税者本人の生活に必要な動産（書画、骨董、貴金属等を含む）を売却した場合の所得は、その資産の種類や売却金額にかかわらず、非課税所得になる。
④

①適切。遺族年金は非課税所得である。

②適切。給与所得者の通勤手当は1ヵ月当たり最高15万円（2015年までは10万円）まで非課税所得である。

③適切。オープン型証券投資信託の特別分配金は非課税である。

④不適切。生活用動産の譲渡による所得は非課税所得であるが、1個または1組の価格が30万円を超える宝石、貴金属や書画、骨董などの譲渡は除かれる（課税される）。

| 正解 | 4 |

3. 各種所得の取扱い①

出題傾向	●各種所得の取扱いについては、1～2問の出題が予想される。 ●各所得の内容と所得金額の計算方法をよく覚えておくこと。

●所得の種類と所得金額の計算方法●

種類		内容	所得金額の計算方法
① 利 子 所 得		預貯金・国債などの利子の所得、**公社債投資信託の収益分配金** (注)**株式投資信託の収益分配金は配当所得**になる	収入金額＝所得金額
② 配 当 所 得		株式や出資の配当などの所得	(収入金額) $-$ $\begin{pmatrix}\text{株式などを取得する}\\\text{ための借入金の利子}\end{pmatrix}$
③ 不 動 産 所 得		土地や建物、船舶や航空機などを貸している場合の所得	(総収入金額) $-$ (必要経費) ※**預り敷金(返還不要部分を除く)は収入金額に含めない**
④ 事 業 所 得		商工業・農業などの事業をしている場合の所得	(総収入金額) $-$ (必要経費)
⑤ 給 与 所 得		給料・賃金・ボーナスなどの所得	(収入金額) $-$ $\begin{pmatrix}\text{給与所得控除額ま}\\\text{たは特定支出控除}\end{pmatrix}$
⑥ 退 職 所 得		退職金・一時恩給などの所得	(収入金額－退職所得控除額)×1/2(注1)
⑦ 山 林 所 得		**山林を取得してから5年超**の山林の立木を売った場合の所得	$\begin{pmatrix}\text{総収入}\\\text{金額}\end{pmatrix} - \text{(必要経費)} - \begin{pmatrix}\text{特別}\\\text{控除額}\\\text{50万円}\end{pmatrix}$ (注2)
⑧ 譲 渡 所 得	総合課税	ゴルフ会員権などを売った場合 **(短期譲渡)所有期間5年以内**	$\begin{pmatrix}\text{総収入}\\\text{金額}\end{pmatrix} - \begin{pmatrix}\text{取得費}\\\text{譲渡費用}\end{pmatrix} - \begin{pmatrix}\text{特別}\\\text{控除額}\\\text{50万円}\end{pmatrix}$ (注2)
		(長期譲渡)所有期間5年超	$\text{(総収入金額)} - \begin{pmatrix}\text{取得費}\\\text{譲渡費用}\end{pmatrix} - \begin{pmatrix}\text{特別}\\\text{控除額}\\\text{50万円}\end{pmatrix}$ ☆課税対象は特別控除後の金額の1/2
	分離課税	土地や建物などを売った場合 **(短期譲渡)譲渡した年の1月1日で所有期間5年以内**	$\text{(総収入金額)} - \begin{pmatrix}\text{取得費}\\\text{譲渡費用}\end{pmatrix} - \begin{pmatrix}\text{特別}\\\text{控除額}\end{pmatrix}$ (注)短期譲渡でも居住用財産の3,000万円特別控除は受けられる
		(長期譲渡)譲渡した年の1月1日で所有期間5年超	$\text{(総収入金額)} - \begin{pmatrix}\text{取得費}\\\text{譲渡費用}\end{pmatrix} - \begin{pmatrix}\text{特別}\\\text{控除額}\end{pmatrix}$
		株式などを売った場合 **申告分離課税**	$\text{(総収入金額)} - \begin{pmatrix}\text{取得費}\\\text{譲渡費用}\end{pmatrix}$
⑨ 一 時 所 得		生命保険の満期保険金・立退料・懸賞やクイズの賞金品など一時的な所得	$\text{(総収入金額)} - \begin{pmatrix}\text{収入を得る}\\\text{ために支出}\\\text{した費用}\end{pmatrix} - \begin{pmatrix}\text{特別}\\\text{控除額}\\\text{50万円}\end{pmatrix}$ ☆課税対象は特別控除後の金額の1/2
⑩ 雑 所 得		**公的年金**・生命保険契約等に基づく**年金**および①～⑨以外の所得	$\text{(総収入金額)} - \begin{pmatrix}\text{公的年金等控除額}\\\text{または必要経費}\end{pmatrix}$

※分離課税とされるのは、利子所得、退職所得、山林所得、譲渡所得の一部など
(注1)役員等としての勤続期間が5年以下である人が支払いを受ける退職手当等(特定役員退職手当等)の場合は、「×1/2」がされない。なお、従業員に対するものであっても、勤続年数が5年以下の場合、退職所得控除後の金額が300万円を超える部分については「×1/2」がされない。
(注2)譲渡所得の特別控除の額は、その年の長期の譲渡益と短期の譲渡益の合計額に対して50万円。その年に短期と長期の譲渡益があるときは、先に短期の譲渡益から特別控除の50万円を差し引く。

チェックポイント

【問題5】 所得税における個人の所得に関する次の記述のうち、最も**不適切**なものはどれか。

1. 公社債投資信託の収益の分配に係る所得は、利子所得となる。 ①
2. 保険会社から受ける契約者配当金に係る所得は、配当所得となる。 ②
3. 貸付数が10室以上の事業的規模であるアパートの賃貸収入に係る所得は、不動産所得となる。 ③
4. 中古車販売業を営む個人事業主による販売用車両の売却に係る所得は、事業所得となる。 ④

①適切。
②不適切。ケースによって支払い保険料と相殺、あるいは一時所得または雑所得に該当することとなる。
③適切。不動産の貸付けに係る収入は、貸付規模を問わず、不動産所得となる。
④適切。販売用車両の売却は事業所得となる。

正解	2

【問題6】 所得税に関する次の記述のうち、最も**不適切**なものはどれか。

1. 賃貸マンションの貸付けに係る不動産所得の金額は、申告分離課税の対象となる。 ①
2. 土地や建物の譲渡に係る譲渡所得の金額は、申告分離課税の対象となる。 ②
3. 事業用車両の売却に係る譲渡所得の金額は、総合課税の対象である。 ③
4. 公的年金に係る雑所得の金額は、総合課税の対象である。 ④

①不適切。不動産所得は総合課税である。
②適切。譲渡した資産が土地、建物等および有価証券の場合は申告分離課税、その他の資産（ゴルフ会員権など）は総合課税となる。
③適切。上記その他の資産の譲渡である。
④適切。総合課税となるのは、配当、不動産、事業、給与、一時、雑（先物取引以外）、譲渡（その他の資産）の各所得である。

正解	1

【問題7】 所得税に関する次の記述のうち、最も**不適切**なものはどれか。

1. 所得は、その発生形態別に、利子所得、配当所得、不動産所得、事業所得、給与所得、譲渡所得、一時所得、雑所得、退職所得、山林所得の10種類の所得に分類される。 ①
2. 退職所得の金額は、「（収入金額－退職所得控除額）×1／2」で計算される（特定役員退職手当等を除く）。 ②
3. 一時所得の金額は、「総収入金額－その収入を得るために支出した金額－特別控除額」で計算される。 ③
4. 総所得金額とは、総合課税の対象となる所得に、分離課税の適用を受ける所得を合算したものである。 ④

①適切。
②適切。なお、勤続5年以下の役員等の場合は、「×1／2」がされない。
③適切。なお、一時所得の金額の1／2を他の所得と合計して総所得金額を求める。
④不適切。総所得金額とは、総合課税の対象となる所得を合算したものである。分離課税の適用を受ける所得については、他の所得と合算せずに分離して税額が計算される。

正解	4

4. 各種所得の取扱い②

出題傾向	●退職所得と雑所得（公的年金）はライフプランニングの分野、配当所得については金融資産運用の分野で出題されることもある。

●退職所得●

退職所得とは、退職金・退職手当など、**退職により一時に受ける給与**など
(注) 1. **年金形式で受け取る場合は、雑所得**となる
　　 2. **死亡退職金は相続税の対象**となるので、所得税は課税されない
　　 3. 退職所得は分離課税であるが、①他の所得に発生した赤字と損益通算できる、②他の所得から引ききれない所得控除があれば退職所得から引くことができる、③所得税の超過累進税率で税額計算する

退職所得の金額＝（収入金額－退職所得控除額）×1／2
　　　　　　　(注) 勤続5年以下の役員等の場合は、「×1／2」は無し。また、従業員に対するものであっても、勤続年数が5年以下の場合、退職所得控除後の金額が300万円を超える部分については「×1／2」は無し。

勤続年数	退職所得控除額
20年以下	**40万円×勤続年数**（最低80万円）
20年超	**800万円＋70万円×（勤続年数－20年）** または **70万円×勤続年数－600万円**

※障害者になったことに基因した退職の場合は左記控除額に100万円プラスする

※勤続年数の端数は切り上げ（例：20年3ヵ月→21年）

●雑所得（公的年金）●

雑所得（公的年金）の金額＝収入金額－ 公的年金等控除額
公的年金等控除額
・65歳以上と65歳未満で控除額が異なる（年齢は、その年の12月31日の年齢による）
・年齢によって分かれたうえで、公的年金等の収入金額（5段階）と、公的年金等以外の合計所得金額（3段階）によって控除額が決まる
(注) 1. 厚生年金基金などの企業年金も公的年金等控除の対象
　　 2. 個人年金も雑所得となるが、公的年金等控除は適用できない
　　 3. 遺族給付と障害給付は非課税

●株式の配当課税●（上場株式の配当等、ただし大口株主が受ける場合を除く）

・所得税15％＋住民税5％＝20％（復興特別所得税を含むと20.315％）を源泉徴収
・課税方法は、総合課税、申告分離課税、申告不要（源泉徴収で課税が終了）の3つ
・申告する配当について**総合課税**を選択すると**配当控除**の適用が受けられ、**申告分離課税**を選択すると配当控除の適用はないが**上場株式等の譲渡損と損益通算**ができる
・申告不要は支払いを受ける配当ごとに選択が可能
(注) 非上場株式の配当は20％（20.42％）の所得税を源泉徴収。住民税は総合課税

【問題8】　Aさんは、Aさんが加入していた期間15年の養老保険の満期返戻金等（706万円）の支払いを受けた。下記資料に基づいた場合、Aさんの一時所得として総所得金額に算入される金額①は、次のうちどれか。なお、Aさんには、このほかに一時所得に該当する収入はないものとする。

〈資料〉
・満期返戻金等　　706万円
・既払込保険料等　580万円（Aさんが負担）

1．13万円　　2．38万円　　3．63万円　　4．90万円

【問題9】　退職金の課税に関する次の記述のうち、最も適切なものはどれか。なお、これまでに他の退職所得等の支払いは受けておらず、障害者になったことに直接起因した退職ではない。また、「退職所得の受給に関する申告書」を退職金の支払者に提出しているものとする。

1．退職所得に係る所得税は源泉徴収により課税関係が終了するため、その年中に他の所得から差引きしきれない所得控除額があっても、退職所得から差し引くことはできない。①
2．退職所得に係る所得税は源泉徴収されるが、住民税は特別徴収されないため、納税者個人が納付書により納付しなければならない。②
3．死亡退職による退職金を遺族が受け取った場合、受け取った遺族の退職所得として、所得税が課税される。③
4．退職所得の金額の計算における退職所得控除額は、勤続年数20年以下は「40万円×勤続年数」（最低80万円）、勤続年数20年超は「800万円＋70万円×（勤続年数－20年）」となる。④

【問題10】　国内株式から受ける配当所得に係る所得税の取扱いに関する次の記述のうち、最も不適切なものはどれか。

1．配当所得の金額の計算においては、原則として、配当所得を生ずべき元本を取得するために要した負債の利子の金額は、収入金額から控除する。①
2．配当所得に係る配当の支払いを受ける際には、所得税が源泉徴収される。②
3．上場株式を譲渡したことによる譲渡所得の金額の計算上生じた損失の金額は、総合課税を選択した上場株式に係る配当所得の金額と損益通算することができない。③
4．非上場株式の配当については、その配当の金額にかかわらず、申告不要を選択することができない。④

5. 損益通算

出題傾向	●損益通算については、出題の的が絞れる。対象となるもの、ならないものを覚えておく。

●損益通算とは●

　各種の所得のうち、**不動産所得・事業所得・山林所得・譲渡所得**（「ふじさんゆずる」「ふじさんじょう」などと覚えるとよい）の計算上生じた赤字がある場合には、他の黒字の所得から赤字部分の金額を差し引くことができる。

●損益通算の方法（順序）●

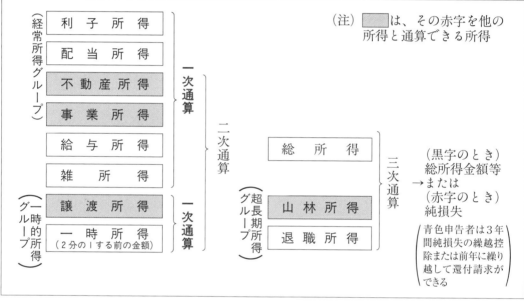

●損益通算の対象とならない損失●

- 不動産所得のうち、**土地を取得するために要した負債の利子**
- 不動産所得のうち、国外中古建物から生じる国外不動産所得がある場合、国外中古建物の償却費に相当する部分の金額
- 上場株式等の譲渡による損失→上場株式間等などでの内部通算はできるが、他の所得とは損益通算できない。ただし、上場株式等の譲渡損失と申告分離課税を選択した上場株式等の配当所得とは通算することができる。
- **生活に必要でない資産**（**ゴルフ会員権やリゾート会員権**、1個30万円超の書画・骨とう品等）の譲渡等にかかわる損失
  - （注）従来、ゴルフ会員権の譲渡損失は他の所得と損益通算できたが、2014年4月以降は、他の所得との損益通算が認められない取り扱いとなった。
- 土地・建物の譲渡による損失（一定の居住用財産の譲渡損失を除く（注））→他の土地・建物の譲渡による所得との内部通算はできるが、他の所得との損益通算はできない
  - （注）特定の居住用財産の買換え等の場合の譲渡損失、特定の居住用財産の譲渡損失等の場合は、他の所得との損益通算および翌年以後3年間の繰越控除ができる（次項参照）

【問題11】 所得税の計算上、他の所得の金額との損益通算（内部通算を除く）の対象となるものとして、最も適切なものはどれか。

1．不動産所得の金額の計算上生じた損失の金額のうち、土地の取得に要した負債の利子に相当する部分
①
2．健全に経営されているゴルフ場のゴルフ会員権（株式形態）を譲渡したことによる損失
②
3．別荘として利用していた土地・建物を譲渡したことによる損失
③
4．事業所得の計算上生じた損失
④

①対象とならない。なお、建物の取得に要した負債の利子に相当する部分は、損益通算できる。

②2014年4月1日以後のゴルフ会員権の譲渡損失は損益通算の対象とならない。

③別荘など、「生活に必要でない資産」の譲渡による損失は、損益通算できない。

④損益通算できる。

正解　4

【問題12】 所得税において、次の場合における損益通算後の総所得金額として、最も適切なものはどれか。なお、解答に当たっては、記載のない条件については一切考慮しないものとする。

給与所得	5,500千円
一時所得	▲300千円①
不動産所得	▲2,000千円（不動産所得の金額の計算上の必要経費のうち、250千円は土地の取得に要した借入金利子相当額）②
雑所得	750千円

（注）▲は、当該所得に損失が発生していることを意味する。

1．3,950千円
2．4,250千円
3．4,500千円
4．5,950千円

①一時所得の赤字は他の所得と通算できない。

②土地を取得するために要した負債の利子は損益通算の対象にならない。

※総所得金額＝5,500千円－（2,000千円－250千円）＋750千円＝4,500千円

正解　3

6. 居住用財産の譲渡損失

出題傾向	●適用要件を中心に、制度概要を押さえておく。 ●不動産の分野でも出題される。

●特定の居住用財産の買換え等の場合の譲渡損失の繰越控除●

制度の概要	一定の居住用財産を買い換えて、譲渡損失が生じた場合に、譲渡した年には他の所得との損益通算をし、それでも損失が残った場合には、翌年以降3年間損失の繰越控除ができる制度
適用要件	**①譲渡資産** ・2025年12月31日までに売却すること ・譲渡資産の所有期間が譲渡年の1月1日において**5年**を超えていること ・敷地が500㎡を超えるときは、500㎡に対応する部分の損失のみが対象 ・親族等に対する売却でないこと **②買換え資産** ・売却した年の前年の1月1日から翌年12月31日までに買換え資産を取得し、翌年12月31日までに居住の用に供する（または供する見込み）こと ・住宅の床面積が50㎡以上であること ・控除する年の年末に買換え資産について住宅ローンの残高があること
留意点	・**合計所得金額が3,000万円以下**の年分しか適用できない（繰越控除の場合） ・**住宅借入金等特別控除と併用できる** ・青色申告者でも白色申告者でも適用あり

●特定の居住用財産の譲渡損失の繰越控除等●

制度の概要	住宅ローンを有する居住用財産を譲渡して譲渡損失が生じた場合に、買換え等を前提としないで、その譲渡損失の他の所得との損益通算および翌年以降3年間の繰越控除を認める制度
適用要件	・2025年12月31日までに売却すること ・譲渡した年の1月1日において、所有期間が**5年**を超える居住用の家屋または土地等の譲渡であること ・譲渡契約を締結した日の前日に、譲渡資産に係る住宅ローンの残高があること ・**譲渡対価より住宅ローン残高が大きいこと** ・親族等に対する売却でないこと
留意点	・譲渡損失の金額は、①通常の譲渡損失の金額（取得費＋譲渡費用－売却金額）と②「住宅ローンの残高－売却金額」のいずれか小さい金額をいう ・**合計所得金額が3,000万円以下**の年しか適用できない（繰越控除の場合） ・青色申告者でも白色申告者でも適用あり

(注)土地・建物等の譲渡損失については、上記の居住用財産の譲渡損失を除き、他の所得との損益通算および翌年以降の繰越ができない（他に土地・建物の譲渡による所得があった場合は、それとの内部通算はできる）

【問題13】　「特定の居住用財産の買換え等の場合の譲渡損失の繰越控除」の適用要件等について述べた次の記述のうち、最も不適切なものはどれか。

1．この繰越控除は、所得税のほか、住民税においても適用される。
①

2．繰越控除が認められるのは、合計所得金額が3,000万円以下である年分に限られる。
②

3．譲渡資産に500㎡を超える家屋等の敷地が含まれている場合には、適用は一切受けられない。
③

4．買換取得資産について住宅借入金等特別控除の適用を受ける場合でも、併用して適用が受けられる。
④

①適切。

②適切。

③不適切。一切受けられないわけではなく、500㎡を超える部分に相当する損失の金額は繰越控除の対象から除かれる。

④適切。

正解	3

【問題14】　所得税における特定居住用財産の買換え等の場合の譲渡損失の繰越控除の特例に関する次の記述のうち、最も不適切なものはどれか。

1．特定居住用財産の譲渡損失の繰越控除は、青色申告者についてのみ適用できる。
①

2．特定居住用財産の譲渡損失の繰越控除は、住宅借入金等特別控除と併用して適用できる。
②

3．特定居住用財産の譲渡損失の繰越控除は、控除する年の合計所得金額が3,000万円以下の場合に適用できる。
③

4．特定居住用財産の譲渡損失は、翌年以降3年間にわたり繰り越して控除することができる。
④

①不適切。青色申告者でも白色申告者でも適用できる。

②適切。

③適切。

④適切。

正解	1

7. 所得控除

出題傾向	●所得控除からは毎回、1問程度の出題が予想される。 ●医療費控除、配偶者控除などからの出題の可能性が高い。

●所得控除一覧表●

種類	控除の対象
雑損控除 （※）	災害、盗難、横領により生活用資産などに受けた損失
医療費控除 （※）	**本人**、生計を一にする**配偶者や親族について支払った医療費**
寄附金控除 （※）	特定寄附金
社会保険料控除	本人、生計を一にする配偶者や親族の健康保険料、公的年金等の社会保険料（全額が控除額）
小規模企業共済等掛金控除	小規模企業共済の掛金、確定拠出年金の個人拠出金、心身障害者共済掛金（全額が控除額）
生命保険料控除（P62参照）	本人、配偶者、その他の親族を受取人とした生命保険料等、介護医療保険料、個人年金保険料
地震保険料控除（P72参照）	居住用の家屋、動産などにかけた地震保険料
障害者控除	本人、控除対象配偶者、扶養親族が障害者であるとき
寡婦控除	次の①、②の**いずれかに当てはまる人**。ただし、納税者と事実上婚姻関係と同様の事情にあると認められる一定の人がいる場合は対象とならない。①夫と離婚したあと婚姻をしておらず、扶養親族がいる人で、合計所得金額が500万円以下。②夫と死別したあと婚姻をしていない人または夫の生死が明らかでない一定の人で、合計所得金額が500万円以下
ひとり親控除	その年の12月31日の現況で、婚姻をしていないこと、または配偶者の生死が明らかでない一定の人のうち、次の3つの要件に**すべて当てはまる人**。①その人と事実上婚姻関係と同様の事情にあると認められる一定の人がいない。②その年分の総所得金額等が48万円以下で、他の人の同一生計配偶者や扶養親族になっていない生計を一にする子がいる。③合計所得金額が500万円以下
勤労学生控除	本人が勤労学生で所得が一定額以下
配偶者控除	納税者本人の合計所得金額が**1,000万円以下**で、配偶者の合計所得金額が**48万円以下のとき** （注）
配偶者特別控除	納税者本人の合計所得金額が**1,000万円以下**で、配偶者の合計所得金額が**48万円超133万円以下のとき**
扶養控除	**16歳以上**の生計を一にする扶養親族（配偶者を除く）で合計所得金額が**48万円以下**である者を有する場合
基礎控除	すべての納税者

〈医療費控除の控除額〉

控除額＝支払い医療費 −（保険金などで補てんされる金額）−（**10万円**か総所得の5％のいずれか少ない額）（最高200万円）

・対象となる医療費は、**その年に実際に支払った金額**（現金主義）
・健康保険からの給付金や保険契約に基づく保険金は控除する。ただし、健康保険から給付される傷病手当金や出産手当金は該当しない
・医療費控除の対象とならないもの…健康診断（人間ドック）の費用（異常が見つかり治療を受けることになった場合は対象となる）、疲労回復のための医薬品、通常のメガネ、コンタクトなど
＊平成29年から医療費控除の特例として、**セルフメディケーション税制**が新設された。一定のスイッチOTC医薬品（医療用から一般用に転用された医薬品）を購入した場合で、実質負担金額が**1万2,000円**を超えたときは、その超えた金額（**8万8,000円**が上限）が所得控除額となる。
（注）通常の医療費控除額との**重複適用不可**。

〈配偶者控除の控除額〉

納税者の所得	控除額
900万円以下	**38万円** （48万円）
950万円以下	26万円 （32万円）
1,000万円以下	13万円 （16万円）
（　）内は老人控除対象配偶者（70歳以上）	

〈配偶者特別控除の控除額〉

納税者の所得	控除額
900万円以下	3万円～38万円
950万円以下	2万円～26万円
1,000万円以下	1万円～13万円

〈扶養控除の控除額〉

・**16歳未満**（年少扶養親族）…**0円**
・**16歳以上19歳未満**…**38万円**
・**19歳以上23歳未満**（特定扶養親族）…**63万円**
・23歳以上70歳未満…38万円
・**70歳以上**（老人扶養親族）…同居老親等は58万円、それ以外は48万円

基礎控除額は2020年以降、合計所得2,400万円以下の場合**48万円**。2,450万円以下32万円、2,500万円以下16万円、2,500万円超は0円）

（※）給与所得者の場合、「雑損控除」「医療費控除」「寄附金控除」の適用を受けるためには、確定申告をすることが必要
（注）パート収入の場合、103万円以下。給与収入103万円−給与所得控除55万円＝所得金額48万円

【問題15】 所得税の所得控除に関する次の記述のうち、最も適切なものはどれか。

1．納税者が負担した納税者と生計を一にする親族に係る医療費は、納税者の医療費控除の対象とはならない。①

2．納税者が負担した納税者の妻を満期保険金受取人とする保険期間が５年以上ある養老保険契約の支払保険料は、納税者の生命保険料控除の対象となる。②

3．納税者と生計を一にする配偶者が受けた盗難による損失は、その損害を受けた資産の種類にかかわらず、納税者の雑損控除の対象となる。③

4．納税者が負担した納税者と生計を一にする配偶者の国民年金保険料は、納税者の社会保険料控除の対象とはならない。④

【問題16】 所得税における控除対象配偶者に関する次の記述のうち、最も不適切なものはどれか。なお、納税者本人の合計所得金額は1,000万円以下とする。

1．青色申告者と生計を一にする配偶者が、青色事業専従者として100万円の給与を受けている場合、その配偶者は青色申告者の控除対象配偶者となる。①

2．給与所得者と生計を一にする配偶者（68歳）の公的年金の収入金額が80万円である場合、その配偶者は給与所得者の控除対象配偶者となる。②

3．給与所得者と生計を一にする配偶者について、特定口座での上場株式の譲渡による所得金額が40万円あり、源泉徴収口座を選択したために確定申告をしなかった場合には、その配偶者は給与所得者の控除対象配偶者となる。③

4．給与所得者と生計を一にする配偶者の不動産所得の金額が30万円、一時所得の金額が20万円の場合、その配偶者は給与所得者の控除対象配偶者となる。④

【問題17】 所得税の各種所得控除に関する次の記述のうち、最も適切なものはどれか。

1．扶養控除の控除額は、扶養親族の年齢にかかわらず、一定額である。①

2．給与所得者が医療費控除の適用を受けるためには、確定申告をすることが必要である。②

3．配偶者控除は、納税者の合計所得金額が2,000万円未満である場合に、適用を受けることができる。③

4．障害者控除は、納税者が一定の障害者に該当する場合のみ、適用を受けることができる。④

チェックポイント

①不適切。生計を一にする親族に係る医療費も、納税者の医療費控除の対象となる。

②適切。保険金受取人が契約者、配偶者、またはその他親族である保険契約の支払保険料は、生命保険料控除の対象となる。

③不適切。雑損控除の対象となる資産は、生活用資産に限られる。

④不適切。生計を一にする親族に係る社会保険料も、納税者の社会保険料控除の対象となる。

正解　2

①不適切。青色事業専従者に該当し、かつ、青色事業専従者給与を支給していた場合、控除対象配偶者とはならない。

②適切。公的年金は雑所得となり、公的年金等控除額（65歳以上は最低90万円）を差し引けば、雑所得は０円となる。よって、合計所得金額48万円以下となるので、控除対象配偶者となる。

③適切。源泉徴収口座を選択して確定申告をしなければ、この場合の40万円は合計所得金額に加算されないので、控除対象配偶者となる。

④適切。一時所得の金額は、その２分の１だけを総合する。よって、合計所得金額は30万円＋20万円×１／２＝40万円≦48万円となり、控除対象配偶者となる。

正解　1

①不適切。年齢により扶養控除の控除額は異なる。

②適切。

③不適切。納税者の所得要件は、合計所得金額が1,000万円以下。

④不適切。本人、控除対象配偶者、扶養親族が障害者であるとき控除の対象となる。

正解　2

8. 税額控除

重 要 度
★ ★ ★

出題傾向	●住宅借入金等特別控除、配当控除などから１問程度出題される可能性が高い。

●住宅借入金等特別控除（住宅ローン控除）●

対象となる借入金	住宅取得や増改築などのために金融機関、勤務先等から借り入れた償還期間**10年以上**の借入金等
控除期間控除額	控除額＝年末借入金残高×**控除率0.7%**　期間、限度額は下記のとおり。

住宅の区分		2022年・2023年の入居		2024年・2025年の入居	
		控除期間	残高限度額	控除期間	残高限度額
新築買取再販	認定住宅	**13年**	5,000万円	**13年**	4,500万円※2
	ZEH水準省エネ	**13年**	4,500万円	**13年**	3,500万円※2
	省エネ基準	**13年**	4,000万円	**13年**	3,000万円※2
	一般	**13年**	3,000万円	10年	0円※3
中古住宅	認定住宅等※1	10年	3,000万円	10年	3,000万円
	一般	10年	2,000万円	10年	2,000万円

※1 「認定住宅等」は、認定長期優良住宅・認定低炭素住宅、ZEH水準省エネ住宅、省エネ基準適合住宅のことを指す。

※2 18歳以下の扶養親族を有する者、または自身もしくは配偶者が39歳以下の者が2024年に入居する場合は、新築・買取再版住宅の残高限度額は下記のとおり引き上げられる。

認定住宅	ZEH水準省エネ住宅	省エネ基準適合住宅
5,000万円	4,500万円	4,000万円

※3 2024年１月以降、省エネ基準を満たしていない住宅は控除の適用なし。ただし、2023年までに建築確認を受けているか、登記簿上の建築日が2024年６月30日以前の場合は適用される（限度額2,000万円、控除期間10年）。

主な要件	・適用を受ける年の合計所得金額が**2,000万円以下** ・（登記簿上の）床面積は**50㎡以上**（家屋の床面積の１／２以上が居住の用に供されるもの。合計所得金額1,000万円以下の者で、2024年末までに建築確認を受けた場合は床面積40㎡以上50㎡未満のものも対象とされる）
その他	・居住用財産の買換え等の場合の**譲渡損失の繰越控除**との併用はできる ・居住用財産の**3,000万円特別控除**との併用はできない ・**最初の年は確定申告が必要**（２年目以降は年末調整で適用可） ・転勤等で転居した場合、居住していない期間は適用を受けられないが、その後転勤等の理由が解消されて自宅に再入居した場合、一定の要件の下で住宅ローン控除の再適用が受けられる ・住宅ローンの繰上げ返済により契約当初からの借入金の償還期間が10年未満となった場合、住宅ローン控除の適用を受けられなくなる

●配当控除●

概要	総合課税の配当所得として課税した税額から配当控除として一定額を控除。
控除額	配当所得の**10%**（課税総所得金額等が1,000万円超の場合、超過部分は５％）
留意点	・外国法人やＪ-ＲＥＩＴ（不動産投資信託）の配当は、**対象外** ・申告不要を選択した配当は**対象外**　・申告分離課税を選択した配当は**対象外**

【問題18】 新築住宅を取得した場合における所得税に係る住宅借入金等特別控除（以下「住宅ローン控除」という）に関する次の記述のうち、最も適切なものはどれか。

1．給与所得者が住宅ローン控除の適用を受けようとする場合、必要書類を勤務先に提出することで最初の年分から年末調整により、その適用を受けることができる。
　①
2．住宅ローン控除の対象となる家屋は、床面積の2分の1以上に相当する部分がもっぱら居住の用に供されていなければならない。
　②
3．床面積45㎡の新築マンションを取得した場合、住宅ローン控除の適用を受けるためには、その年の合計所得金額は3,000万円以下でなければならない。
　③
4．住宅ローンの繰上げ返済を行い、借入金の償還期間が当初の借入れの日から10年未満となった場合でも、引き続き住宅ローン控除の適用を受けることができる。
　④

チェックポイント

①不適切。最初の年は確定申告が必要。2年目以降は年末調整により適用を受けることができる。

②適切。

③不適切。合計所得金額1,000万円以下の者に限り、床面積40㎡以上50㎡未満のものも住宅ローン控除の対象になる。

④不適切。住宅ローンの繰上げ返済により借入金の償還期間が10年未満となった場合、10年未満となった年以降住宅ローン控除を適用することはできなくなる。

正解	2

【問題19】 個人が受ける配当等と所得税における配当控除に関する次の記述のうち、最も不適切なものはどれか。

1．内国法人から受ける利益の配当で、1回に支払いを受けた金額が一定額以下のいわゆる少額配当に該当するものは、総合課税による確定申告をしても、配当控除の適用を受けることができない。
　①
2．内国法人から受ける利益の配当で、申告分離課税を選択したものは、確定申告をしても、配当控除の適用を受けることができない。
　②
3．外国法人から受ける利益の配当は、総合課税による確定申告をしても、配当控除の適用を受けることができない。
　③
4．国内上場不動産投資法人から受ける収益の分配は、総合課税による確定申告をしても、配当控除の適用を受けることができない。
　④

①不適切。総合課税により確定申告した場合には、配当控除の適用を受けることができる。

②適切。申告分離課税を選択したものについては、配当控除の適用を受けることはできない。

③適切。外国法人から受ける利益の配当については、配当控除の適用を受けることはできない。

④適切。国内上場不動産投資法人から受ける収益の分配は、配当控除の適用を受けることはできない。

正解	1

9. 源泉徴収

出題傾向	●たまに１問程度、出題される可能性がある。 ●それぞれの所得について、基本的なポイントを覚えておくこと。

●源泉徴収制度●

概　　　要	・利子・配当や給与等一定の所得の支払者は、支払いの際に一定の所得税等を徴収し、翌月10日までに納付する制度。 ・源泉徴収で納税が完全終了する「源泉分離課税」のものと、確定申告等で精算する総合課税のものがある（申告不要可のものもある）。
利子・配当等	・預貯金の利子…20.315％（所得税15％、復興特別所得税0.315％、住民税５％）の源泉分離課税 ・特定公社債の利子、公社債投資信託・株式投資信託の収益分配金…20.315％（所得税15％、復興特別所得税0.315％、住民税５％）の源泉徴収（申告不要可） ・上場株式の配当（大口株主除く）…20.315％（所得税15％、復興特別所得税0.315％、住民税５％）の源泉徴収（申告不要可） ・非上場株式の配当…所得税20.42％（所得税20％、復興特別所得税0.42％）の源泉徴収（少額配当は申告不要可）
給　与　所　得	・月給・賞与等について、扶養控除等申告書等をもとに所定の表により求めた税額を源泉徴収。
退　職　所　得	・退職者が「退職所得の受給に関する申告書」を勤務先に提出すると、勤務先が退職所得に対して計算した税額を源泉徴収するため、退職金についての申告は不要となる。 ・同申告書を提出しなかった場合は、「退職手当金×20.42％」の所得税を源泉徴収。
公　的　年　金　等	・年金額が一定額を超えると、年金を受け取る際に所得税が源泉徴収される。 ・扶養親族等申告書を提出し年金支給額が各種控除合計を上回る人は「（年金支給額－各種控除額）×5.105％」の所得税を源泉徴収。
原　稿　料・ 講　演　料	・「支払金額×10.21％（所得税10％、復興特別所得税0.21％）」（１回に支払われる金額が100万円を超える場合は、その超える部分については所得税20.42％（所得税20％、復興特別所得税0.42％））の所得税を源泉徴収。
保　　　険	・一時払養老保険や一時払損害保険の差益（保険期間が５年以下のものや契約期間が５年超のもので５年以内に解約されたもの）は、20.315％（所得税15％、復興特別所得税0.315％、住民税５％）の源泉分離課税。 ・個人年金保険の年金は、「（年金の額－必要経費）×10.21％（所得税10％、復興特別所得税0.21％）」の所得税を源泉徴収（年金の額から必要経費を差し引いた金額が25万円未満の場合は源泉徴収を要しない）。

【問題20】 居住者に対する源泉徴収等に関する次の記述のうち、最も不適切なものはどれか。

1. 非上場株式の配当については、所得税15％、復興特別所得税0.315％、住民税５％の源泉徴収等がされる。
   ①

2. 原稿料の支払については、１回に支払を受ける金額のうち1,000千円以下の金額については、所得税10.21％が源泉徴収される。
   ②

3. 国内において支払を受ける預貯金の利子については、原則として所得税15.315％、住民税５％の源泉徴収等がされる。
   ③

4. 退職手当等については、「退職所得の受給に関する申告書」を提出しないと、所得税20.42％の源泉徴収がされる。
   ④

チェックポイント

①不適切。非上場株式の配当は、上場株式とは異なり、所得税20％、復興特別所得税0.42％の源泉徴収。住民税の源泉徴収はない。

②適切。

③適切。

④適切。

正解 1

【問題21】 Hさんが勤務先から受け取った下記の給与所得の源泉徴収票に関する次の記述のうち、最も不適切なものはどれか。なお、Hさんにはこの給与所得以外に所得はないものとする。また、※印の欄は、問題の性質上明示していない。長女の年齢は20歳、二女の年齢は17歳とする。

令和 6 年分　給与所得の源泉徴収票

（表は省略）支払を受ける者 住所又は居所 東京都○○市△△ 氏名 H

種別	支払金額	給与所得控除後の金額	所得控除の額の合計額	源泉徴収税額
給与・賞与	10,000,000	7,900,000	※	488,000

（源泉）控除対象配偶者の有無等 有 ○　配偶者（特別）控除の額 ※　控除対象扶養親族の数（配偶者を除く。）特定 1　老人　その他 1　16歳未満扶養親族の数

社会保険料等の金額 1,249,200　生命保険料の控除額 100,000　地震保険料の控除額 50,000

（摘要）氏名 B　配偶者の合計所得 300000　国民年金保険料等の金額 191970

1. 給与所得の金額は、7,900,000円である。
   ①
2. 扶養控除の金額は、760,000円（380,000円＋380,000円）である。
   ②
3. 所得控除の額の合計額には、配偶者控除の金額の380,000円が含まれている。
   ③
4. 社会保険料等の金額（1,249,200円）には、配偶者の国民年金保険料等の金額の191,970円が含まれている。
   ④

①適切。支払金額1,000万円から給与所得控除、所得金額調整控除を控除した790万円が給与所得の金額である。

②不適切。控除対象扶養親族の数の「特定」に1、「その他」に1とあるので、特定扶養控除63万円とその他（一般）の扶養控除38万円の101万円である。

③適切。控除対象配偶者の有に○印がある。また、納税者の合計所得が900万円以下で、配偶者の合計所得が30万円となっているので、配偶者控除38万円の適用がある。

④適切。

正解 2

10. 確定申告・青色申告

出題傾向	●給与所得者が確定申告しなければならないケース、青色申告の概要、主な特典などを押さえておく。

●確定申告●

申 告 時 期	翌年2月16日〜3月15日（コロナ特別措置法の影響は割愛する）
給与所得者の確定申告 通常は、年末調整で所得税の納税が完了	＊確定申告しなければならないケース ①**給与収入が2,000万円を超える場合** ②**給与・退職所得以外の所得が20万円を超える**場合 ③**2ヵ所以上から給与を受けている**場合 ＊確定申告をしないと受けられないもの ①**医療費控除・雑損控除・寄附金控除** ②**住宅借入金等特別控除**（初年度のみ。2年目以降は年末調整で可能）

●青色申告●

概　　　要	所得と税額を正しく計算するために、記帳慣習を確立するための制度。青色申告者には記帳義務を課す見返りとして、色々な特典がある (注) 青色申告に対して、一般の申告のことを「白色申告」という
対 象 者	**不動産所得・事業所得・山林所得**（「ふじさん」と覚える）のある人
申請手続き	新たに青色申告する人は、その年の3月15日（1月16日以後に事業を開始する場合は**開業後2ヵ月以内**）までに青色申告承認申請書を提出する
主 な 特 典	①**青色申告特別控除65万円**（下記の要件を満たす場合に活用できる） （1）事業的規模で、不動産所得または事業所得を生ずべき事業を営んでいる （2）これらの所得に係る取引を正規の簿記の原則（一般的には複式簿記）により記帳している （3）貸借対照表及び損益計算書を確定申告書に添付し、この控除の適用を受ける金額を記載して、法定申告期限内に提出すること。 （4）確定申告手続きを電子申告の方法によって申告、あるいはその年分の事業に係る仕訳帳および総勘定元帳について、電子帳簿保存を行っている ※**上記（4）の要件を満たさないと青色申告特別控除は最高55万円に減少し、また、（1）〜（3）の要件を満たさないと青色申告特別控除は最高10万円に減少する** ②**青色事業専従者**（青色申告者の配偶者・親族で、その事業に専ら従事している人）に支払った給与の必要経費算入 (注) **青色事業専従者で、給与の支払いを受けた人は控除対象配偶者や扶養親族にはなれない** ③**純損失の繰越し控除（3年間）・繰戻し還付**

●更正の請求と修正申告●

更正の請求	提出した申告書の内容が誤っていたために、税額が過大であった場合、税額の還付を請求することができる。所得税の更正の請求は、法定申告期限（3月15日）から5年以内に限られる
修 正 申 告	所得税の申告書の内容が誤っていたために、税額が過少であった場合、税額の追加払いをするための申告を行わなければならない。自発的に行う場合と、税務調査による指摘により行う場合がある

【問題22】　所得税における青色申告に関する次の記述のうち、最も不適切なものはどれか。

1．不動産所得を生ずべき業務を行う者で、その貸付けが事業的規模に満たない場合には、青色申告承認申請書を提出することはできない。
①
2．青色申告の適用を受けようとする場合には、原則として、その適用を受けようとする年の3月15日までに青色申告承認申請書を所轄税務署長に提出しなければならない。
②
3．青色申告承認申請書を提出した場合において、原則として、その承認を受けようとする年の12月31日までに、その承認または却下の処分がないときは、その申請は承認されたものとみなされる。
③
4．申告期限後に所得税の確定申告書を提出した場合には、青色申告に関する他の要件をすべて満たしている場合であっても、青色申告特別控除額の上限は100千円となる。
④

【問題23】　所得税における個人の青色申告制度に関する次の記述のうち、最も不適切なものはどれか。

1．1月16日以降に事業を開始した者が、その年から青色申告をしようとする場合には、その業務開始の日から2ヵ月以内に青色申告の承認申請書を提出する必要がある。
①
2．不動産所得だけを有する個人の場合には、それが事業的規模でなければ青色申告の承認を受けることができない。
②
3．青色申告の承認を受けている個人が、事業所得または不動産所得から控除できる青色申告特別控除額は、帳簿その他に関する要件の該当状況により10万円、55万円、65万円のいずれかである。
③
4．青色事業専従者給与を必要経費にすることも青色申告の特典であるが、青色事業専従者給与の支払いを受けた配偶者は、その合計所得金額にかかわらず控除対象配偶者となることはできない。
④

11. 個人住民税・個人事業税

出題傾向	●個人住民税、個人事業税からは１問の出題が予想される。 ●基本的知識や所得税との違いを押さえておく。

●個人住民税●

概　要	・道府県民税（都民税）と市町村民税（特別区民税）の総称 ・所得割（所得金額に応じて課税）と均等割（所得に関係なく一定の課税）、利子割（預貯金等の利子に対する20%課税のうちの５％）等がある
課税方式	**賦課課税方式**（所得税は**申告納税方式**）

所得割	特　徴	・**１月１日現在**の住所地で、**前年の所得に対して課税**される （例） 　2023年の所得に対して──┬─2023年分の所得税 　　　　　　　　　　　　　└─2024年度分の住民税 （注）退職所得の場合は、「退職所得の受給に関する申告書」を提出すれば、退職金を受け取るときに特別徴収される現年所得課税
	税　率	一律10%（標準税率）（都道府県民税４％＋市区町村民税６％）
	所得控除	・寄附金控除を除き所得税と同様に所得控除があるが、控除額が異なるものがある（下表は一例）

	所得税	住民税
基礎控除（合計所得金額2,400万円以下の場合）	48万円	43万円
配偶者控除・扶養控除（一般）	各38万円	各33万円
生命保険料控除 （一般・介護・個人年金）※	各最高４万円 （合計12万円）	各最高2.8万円 （合計７万円）
地震保険料控除	払込保険料の全額 （最高５万円）	払込保険料の1／2 （最高2.5万円）

※2012年１月１日以後に締結した保険契約の場合
（注）所得控除のうち、雑損控除、医療費控除、社会保険料控除、小規模企業共済等掛金控除は所得税と控除額が同額。寄附金控除は、住民税では、税額控除になる。

納付方法	・**普通徴収**…原則、６月、８月、10月、翌年１月の４回に分けて納付 ・**特別徴収**…給与所得者は、６月〜翌年５月に毎月の給与から徴収される

●個人事業税●

概　要	・個人が行う一定の事業所得または不動産所得に対して課税される道府県税 ・事務所・事業所所在の都道府県において課税される
税額の計算	①課税標準…所得税の事業所得・不動産所得から、事業主控除として**290万円**を差し引く（営業期間が１年未満の場合は月割額） 　・**青色申告特別控除は不適用** 　課税標準×税率＝税額 ②税率…事業の種類（第１種・第２種・第３種）に応じた税率

【問題24】 所得税の計算と個人住民税の計算に関する次の記述のうち、最も不適切なものはどれか。

1．個人住民税は、原則として、2023年（2023年1月1日〜同年12月31日）分の所得については、2024年度（2024年4月1日〜2025年3月31日）分の住民税として課税される。
　　　　　　　①

2．所得税と個人住民税の所得割における所得金額の計算は、原則として同様の計算方法による。
　　　　　　　②

3．住民税の所得控除は、所得税と控除額が異なるものがあり、配偶者控除、扶養控除、基礎控除は、所得税の控除額と異なる。
　　　　　　　③

4．所得税の税額控除のうち、配当控除については、住民税において規定がない。
　　　　　　　④

①適切。個人住民税は退職所得を除き、前年所得課税である。

②適切。

③適切。

④不適切。配当控除の規定はある。

正解　　4

【問題25】 個人住民税に関する次の記述のうち、最も不適切なものはどれか。

1．2023年度分の個人住民税の納付先は、2023年1月2日以降の住所地にかかわらず、原則として、2023年1月1日に住所地であった市町村（特別区）および道府県（都）となる。
　　　　　　　①

2．個人住民税における基礎控除および配偶者控除は、所得税における基礎控除および配偶者控除よりも、控除額が大きい。
　　　　　　　②

3．個人住民税の所得割の標準税率は、納税者の所得の金額にかかわらず、道府県（都）民税が4％、市町村（特別区）民税が6％である。
　　　　　　　③

4．2023年に入居し、所得税の住宅借入金等特別控除の適用を受けた者が、その年分の所得税額から控除しきれない残額がある場合、翌年度分の個人住民税からその残額のうち一定額を限度として控除する。
　　　　　　　④

①適切。

②不適切。住民税の基礎控除は43万円、および配偶者控除は33万円であり、所得税の控除額より小さい。

③適切。

④適切。

正解　　2

12. 法人税

重 要 度
★ ★

出題傾向	●法人税からは１問程度の出題が予想される。 ●範囲が広いので的を絞りにくい分野だが、基本的な事項は覚えておくようにしたい。

●法人税の基本●

所得の計算	申告調整 企業会計上の決算利益 ＋ 益金算入／損金不算入 － 益金不算入／損金算入 ＝ 所得金額 （注）申告調整は法人税申告書「別表四」で行う
税　率	普通法人　**比例税率 23.2%**（2018年４月１日以降から開始する事業年度） ※中小法人の場合、年**800万円以下の部分は15%**（2012年４月１日から2025年３月31日までの間に開始する事業年度）
納付税額	所得金額×税率＝算出税額 算出税額－税額控除＋特別税額＝納付税額 　（注）以上は、法人税申告書「別表一」で行う
申告期限	事業年度の終了の日の翌日から**２ヵ月以内**

●損金●

交際費	資本金の規模により、損金算入の取扱いが次のようになっている 〈資本金１億円以下〉 次のいずれかを選択適用 ①交際費等のうち、接待飲食費の50％を損金算入（上限なし） ②年800万円以下の交際費等の全額を損金算入 〈資本金１億円超〉 上記①の取扱い (注)カレンダー、手帳、従業員への慶弔、会議に際して通常要する飲食物の費用、１人当たり10,000円以下（2024年４月から適用）の飲食費（役職員の間の飲食費を除く）、寄附金、値引きなどは、交際費から除かれる
租税公課	①損金に算入されるもの……事業税、固定資産税、不動産取得税など ②損金に算入されないもの…**法人税、法人住民税**、加算税、罰金など
役員給与	①役員報酬（定期同額給与）……原則「損金算入」（過大なものは損金不算入） ②役員賞与（事前確定届出給与等を除く）……原則「損金不算入」 ③役員退職給与…………………原則「損金算入」（過大なものは損金不算入）
減価償却	・減価償却とは、建物や備品など毎年使用することによって価値が減少する資産を、利用できると思われる期間（耐用年数）に配分して費用化していくこと ・取得価額が10万円未満の少額減価償却資産（中小企業者等で青色申告法人は、30万円未満の減価償却資産）は、その事業の用に供した事業年度の費用として一時に損金算入することができる（年間300万円が上限） ・取得価額が20万円未満の減価償却資産は、３年間で償却することができる

【問題26】 内国法人に係る法人税の仕組み等に関する次の記述のうち、最も不適切なものはどれか。

1．法人税の納税地は、原則として法人の本店または主たる事務所の所在地①とされる。

2．減価償却費は、法人が確定した決算で償却費として損金経理した金額のうち償却限度額までの金額が損金に算入される。②

3．各事業年度の所得の金額に対する税率は、資本金１億円以下の中小法人の場合、所得の金額にかかわらず、一律19％の比例税率③に軽減されている。

4．法人は、各事業年度終了の日の翌日から２ヵ月以内に、確定した決算に基づいて作成した確定申告書を提出しなければならないが、一定の場合には申告期限が延長される。④

①適切。

②適切。

③不適切。中小法人の法人税率は800万円以下の部分は15％、800万円超の部分については23.2％である。

④適切。会計監査人の監査を受けなければならない等、一定の場合には申告期限が延長される。

正解　3

【問題27】 決算書と法人税申告書に関する次の記述のうち、最も不適切なものはどれか。

1．損益計算書は、一会計期間における売上高や経常利益などの企業等の経営成績を示す財務諸表の一つである。

2．株主資本等変動計算書は、貸借対照表の純資産の部の一会計期間における変動額のうち、主として、株主に帰属する部分である株主資本の各項目の変動事由を示す財務諸表の一つである。

3．法人税申告書別表四は、決算書の当期純利益または当期純損失に法人税法に規定する加算または減算を行い、法人税法上の所得金額または欠損金額を算出する明細書である。③

4．法人は、原則として、所轄税務署長に対して、事業年度終了の日の翌日から２ヵ月以内に確定申告書を提出する必要があるが、貸借対照表や損益計算書等の書類を添付する必要はない。④

①適切。

②適切。

③適切。法人税申告書別表四は損益計算書上の決算利益から申告調整を行い所得金額を算出する。税務上の損益計算書と呼ばれることもある。別表五（一）は期末の利益積立金額を表示する。税務上の貸借対照表と呼ばれることもある。

④不適切。法人税の申告書を提出する際には、貸借対照表、損益計算書、株主資本等変動計算書等の添付が必要となる。

正解　4

【問題28】 次に掲げる費用等のうち、法人税の各事業年度の所得の金額の計算上、損金の額に算入されないものとして、最も適切なものはどれか。

1．法人が納付した固定資産税および都市計画税①

2．法人が納付した法人住民税の本税②

3．法人が減価償却費として損金経理した金額のうち、償却限度額に達するまでの金額③

4．法人が役員に対して支給する定期同額給与の金額④

①損金算入される。

②法人住民税や法人税は、損金の額に算入されない。

③損金算入される。

④損金算入される。

正解　2

135

13. 法人住民税・法人事業税／会社と役員間の税務

出題傾向	●法人住民税、法人事業税で１問出題される可能性がある。 ●会社と役員間の税務について、出題が増えている。

●法人住民税と法人事業税●

法人住民税	・道府県民税には均等割・法人税割・利子割、市町村民税には均等割・法人税割がある ・均等割は、道府県民税では「資本金等の金額」の区分により、市町村民税では「資本金等の金額」と「従業員数」の区分により定められている ・法人税割は、**法人税額**に税率を乗じて計算する。なお、平成26年10月１日以後に開始する事業年度から法人税割の税率を引き下げ、その分を地方法人税として国税に移すことになった。
法人事業税	・法人が行う事業に課される道府県民税 ・一般法人は、法人税の所得をもとに事業税特有の調整をした所得が課税標準で、標準税率と制限税率がある ・資本金１億円以上の法人には、外形標準課税（資本割と付加価値割）が導入されている

●会社と役員間の主な税務の取扱い●

会社から役員へ貸付をした場合	会社から役員に貸付けをする場合、通常支払うべき利息を受け取らないときは、通常の利息と徴収利息との差額（経済的利益）が役員報酬（給与所得）とみなされる
会社から役員へ社宅を貸与した場合	会社が役員社宅を無償または低廉貸与した場合、通常賃貸料と徴収賃貸料の差額（経済的利益）が役員報酬（給与所得）とみなされる
会社資産を役員へ低額譲渡した場合	会社の資産を役員に時価よりも低額で譲渡した場合、時価と譲渡価額の差額が役員に対する経済的利益の供与となり、一時的に行われたものであれば、役員賞与（給与所得）とみなされる。会社側においては、時価で譲渡したものとして所得金額の計算を行う
個人資産を会社が高額購入した場合	役員所有の不動産等を会社が時価よりも高く購入した場合、時価と購入価額との差額が役員賞与（給与所得）とみなされる
個人資産を会社に低額譲渡した場合	役員所有の不動産等を会社に時価よりも低額で譲渡した場合、時価と譲渡価格の差額は受贈益となり、会社所得の計算上、益金の額に算入する。一方、譲渡価格が時価の２分の１未満であるときは、上記と同様、受贈益を計上するのに加えて、役員は時価で譲渡したものとして譲渡所得を計算する
役員の土地を会社が借りる場合	役員の土地を権利金の支払いもなく、また相当の地代よりも低額の賃料で会社が借りる場合、原則として会社にはその土地の借地権相当額の受贈益があったものとして認定課税される。一方、役員については特に譲渡所得課税などの問題はない

【問題29】　法人事業税、法人住民税の税率に関する次の記述のうち、最も適切なものはどれか。

1. 法人事業税の標準税率は、その法人の行う事業を第1種事業、第2種事業、第3種事業に分類し、それぞれ5％、4％、5％と定められている。
①

2. 法人道府県民税の利子割の税率は、5％と定められている。
②

3. 法人道府県民税の均等割の標準税率は、「資本等の金額」と「従業員数」の区分により定められている。
③

4. 法人市町村民税の均等割の標準税率は、「資本等の金額」の区分により定められている。
④

【問題30】　会社と役員間の取引に係る法人税における取扱いに関する次の記述のうち、最も不適切なものはどれか。

1. 会社所有の資産を適正な時価よりも低い価額で役員に譲渡した場合は、その適正な時価と譲渡価額との差額はその役員への給与として取り扱われる。
①

2. 会社所有の資産を適正な時価よりも高い価額で役員に譲渡した場合は、その適正な時価と譲渡価額との差額はその会社の受贈益として取り扱われる。
②

3. 役員所有の資産を適正な時価よりも低い価額で会社に譲渡した場合は、その適正な時価と譲渡価額との差額はその会社の受贈益として取り扱われる。
③

4. 役員所有の資産を適正な時価よりも高い価額で会社に譲渡した場合は、その適正な時価と譲渡価額との差額はその役員への寄附金として取り扱われる。
④

14. 法人成り

出題傾向	●個人事業の場合と法人になった場合の比較について、出題される可能性がある。

●主な法人成りのメリット・デメリット●

		個　人	法　人	備　考
メリット	税　　　率	原則として**超過累進税率**	原則として**比例税率**	所得が高くなれば法人の方が有利
	所得の分散	事業所得等	{ 法人の所得 / 個人の給与所得	法人は2つの所得に分散できる
	退職金の支給	**必要経費に算入できない**（個人事業主&事業専従者）	**適正額は損金算入**	退職金の支給には退職給与規程等の整備が必要
	青色欠損金	**3年間**繰越し（純損失の繰越控除）	10年間繰越し（欠損金の繰越控除）（注）	繰越し期間の差が7年間
デメリット	交　際　費	**事業に必要なものであれば制限なし**	**損金算入に制限あり**	法人は冗費の節約という観点から制限
	法人の設立	—	手間及び費用がかかる	設立登記費用（司法書士費用を含む）は株式会社35万円くらい
	維　持　運　営	議事録等の手間はない	議事録等の手間がかかる	株式会社の場合は一定期間ごとに役員変更等の登記が必要
その他	減　価　償　却	※法定償却方法…定額法 ※必ず償却限度額相当額を償却	※法定償却法…定率法 ※償却限度額以内であれば償却の額は任意	1998年4月以降の建物、2016年4月以降の建物付属設備・構築物について定額法に一本化
	事業開始または設　立　届	事業開始後1ヵ月以内	設立の日から2ヵ月以内	—
	青色申告の申請	事業開始後**2ヵ月以内**	設立の日から**3ヵ月以内**	—

（注）欠損金の繰越控除の限度額は、2016年度は60％、2017年度は55％、2018年度以降は50％（中小法人については100％）。また、2018年4月1日より前に開始した事業年度において生じた欠損金額の繰越期間は9年間となる。

【問題31】 法人成りのメリット・デメリットに関する次の記述のう
ち、最も適切なものはどれか。

1. 個人の<u>所得税率は原則として比例税率</u>であり、<u>法人の法人税率</u>
<u>は超過累進税率</u>である。
①

2. 所得税における<u>純損失の繰越控除期間は5年</u>であり、<u>法人税に</u>
<u>おける青色欠損金の繰越控除期間は3年</u>である。
②

3. <u>個人</u>が事業を開始した際に青色申告を選択する場合は、原則と
して事業開始日から<u>3ヵ月以内</u>に、一方<u>法人</u>を設立して青色申
告を選択する場合は原則として設立の日以後<u>2ヵ月以内</u>に青色
③
申告の承認申請書を提出しなければならない。

4. <u>個人</u>の場合は事業に必要な<u>交際費は全額必要経費に算入できる</u>
が、<u>法人</u>の場合には<u>損金不算入の規定</u>がある。
④

①不適切。所得税は超過
累進税率、法人税は比例
税率。

②不適切。個人は3年間、
法人は10年間。

③不適切。個人は2ヵ月
以内、法人は3ヵ月以内。

④適切。

正解	4

【問題32】 法人税の申告に関する次の記述のうち、最も不適切なも
のはどれか。

1. 法人税法上の青色申告の特典の一つに、<u>欠損金を翌期以降の10</u>
<u>年間において繰り越して所得金額から控除することができる制</u>
<u>度がある。</u>
①

2. <u>2022年9月3日に、新規で3月決算の法人を設立した場合</u>、第
1期目で青色申告する場合には、<u>設立後最初の事業年度終了の</u>
<u>日の前日までに、納税地の所轄税務署長に「青色申告承認申請</u>
②
<u>書」を提出し、承認を受けることが必要となる。</u>

3. 減価償却資産について、法人税法上、損金の額に算入される金
額は、法人が<u>減価償却費として損金経理した金額のうち、償却</u>
<u>限度額に達するまでの金額</u>である。
③

4. 法人税の税率は、原則として23.2％の比例税率となっているが、
<u>資本金の額等により一部軽減税率が適用される。</u>
④

①適切。

②不適切。新規で法人を
設立した場合、青色申告
承認申請書は原則として
「設立の日から3ヵ月以
内」に提出しなければな
らない（設立年度終了の
日の方が早い場合は、設
立年度終了の日まで）。

③適切。償却限度額以内
であれば、償却の額は任
意である。

④適切。資本金1億円以
下の中小法人については、
年800万円までの部分に
ついては15％の軽減税率
が適用される。

正解	2

15. 決算書の分析

出題傾向	●過去に何度か決算書の分析に関する問題が出題されている。今後も出題される可能性があるので、基本事項は覚えておきたい。

●貸借対照表（BS）と損益計算書（PL）の構成

貸借対照表　　　　　　　　　　　年　月　日現在

資産の部	負債・純資産の部	
流動資産	負債の部	流動負債
		固定負債
固定資産	純資産の部	資本金 資本剰余金 利益剰余金 評価換算差額等
繰延資産		

総資産（左縦）
他人資本 / 自己資本 / 総資本（右縦）

資金の運用　　　　　　　資金の調達

損益計算書　　　　　　　自年月日〜至年月日

		科　目
経営損益の部	営業損益の部	1. 売上高 2. 売上原価 **売上総利益** 3. 販売費・一般管理費 **営業利益**
	営業損益の部外	1. 営業外収益 2. 営業外費用 **経常利益**
特別損益の部		1. 特別利益 2. 特別損失

税引前当期純利益
法人税・住民税及び事業税
当期純利益

●主な経営指標

資本利益率	$\dfrac{利益}{資本} \times 100$	投下した資本がどれだけ利益を生み出しているかを見る指標。高い方がよい
①資本回転率 ②資本回転期間	① $\dfrac{売上高}{資本}$ ② $\dfrac{資本}{売上高} \times 12$	投下した資本が効率よく機能しているかを見る指標。回転率は高いほど、回転期間は短いほどよい
商品回転率	$\dfrac{売上高}{たな卸資産}$	商品の在庫が適正かどうかを見る指標
売上高利益率	$\dfrac{利益}{売上高} \times 100$	売上と利益の割合を見る指標。高い方がよい
流動比率	$\dfrac{流動資産}{流動負債} \times 100$	会社の支払能力を見る指標。100%を超えていることが最低の目安
固定比率	$\dfrac{固定資産}{自己資本} \times 100$	自己資本と固定資産の比率。100%以下であれば安全
固定長期適合率	$\dfrac{固定資産}{自己資本＋固定負債} \times 100$	長期資本（自己資本＋固定負債）と固定資産の比率。100%以下であれば安全
自己資本比率	$\dfrac{自己資本}{自己資本＋他人資本} \times 100$	自己資本の割合。この比率が高いほど安定している

【問題33】 下記のＡ社の損益計算書（抜粋）を基に計算した場合、Ａ社の「売上高営業利益率」として、最も適切なものはどれか。

損益計算書（抜粋）

（単位：千円）

売上高	100,000
売上原価	80,000
売上総利益	20,000
販売費および一般管理費	15,000
営業利益	5,000
営業外収益	1,000
経常利益	6,000
特別損失	2,000
税引前当期純利益	4,000

1．20%
2．6%
3．5%
4．4%

売上高営業利益率＝営業利益／売上高×100∴5,000千円／100,000千円×100＝5%

正解	3

【問題34】 企業の安全性分析に関する次の記述のうち、最も不適切なものはどれか。

1．流動比率が100%未満であれば、一般的には流動負債の一部から固定資産の調達が行われており、固定長期適合率は100%を上回ることが多い。
①

2．仕入債務回転期間の長期化は、仕入先に対して優位性を持っているケースと、資金力に乏しく支払を引き延ばしているケースが考えられる。
②

3．固定比率が100%を超えている場合には、固定負債による資金調達を超えた固定資産の取得があったことになる。
③

4．売上債権回転期間やたな卸資産回転期間の長期化は、安全性の低下につながることが多いため、注意が必要である。
④

①適切。流動比率が100%未満ということは、流動資産＜流動負債であり、流動負債の一部が固定資産の調達に使われており、固定長期適合率が100%を上回ることが多い。この場合、安全性が低いといえる。
②適切。仕入代金の支払いが長期化する場合、設問のような2つのケースが考えられる。
③不適切。固定比率（固定資産／自己資本）が100%を超えている場合には、自己資本による資金調達を超えた固定資産の取得があったことになり、健全な財務内容といえない。
④適切。売上金の回収期間やたな卸資産の回転期間の長期化は安全性の低下につながる。

正解	3

16. 消費税

出題傾向	●難しい問題の出題も予想されるが、税率、非課税取引、免税事業者などの基本部分はしっかりと覚えておこう。

●消費税●

概　要	商品・製品やサービスなどの取引に対して課される**間接税**
課税取引	国内取引、輸入取引 (注1)輸出取引は、「免税取引」となる（課税はするのだが、適用する税率が0％といったもの） (注2)国内取引、輸入取引に当たらない取引（国外取引、寄附や贈与、出資等）は、**「不課税取引」**となり、消費税はかからない。
非課税取引	①**土地の譲渡、貸付け** 　（注）設備として使用させるテニスコートや野球場などの貸付けは課税対象 ②**住宅の貸付け**（住宅の譲渡は課税対象） ③**株式や債券などの有価証券の譲渡** ④**利子、保険料、社会保険医療、介護保険サービス・社会福祉事業**──など
税　率	比例税率　消費税7.8％＋地方消費税2.2％＝**10%** （軽減税率8％の内訳は消費税6.24％＋地方消費税1.76％）
免税事業者	**基準期間**（個人事業者は課税期間の前々年、法人の場合は課税期間の前々事業年度）**の課税売上高が1,000万円以下**(注)の場合、課税期間の納税義務が免除される (注)課税売上げより課税仕入れの方が多く、消費税の還付を受けられるような場合は、免税事業者であっても課税期間の初日の前日までに課税事業者選択届出書を提出することによって課税事業者となることができる。この場合、**2年間は課税事業者を継続しなければならない** (注)新規開業した個人事業者や新たに設立した法人は基準期間がないため消費税の納税義務が免除されるが、資本金1,000万円以上の新設法人については納税義務が免除されない (注)課税期間の前年の1月1日（法人の場合は前事業年度開始の日）から**6ヵ月間（特定期間）**の課税売上高および給与合計が1,000万円を超えた場合は、その課税期間については課税事業者となる。 (注)免税事業者であっても適格請求書（インボイス）発行事業者の登録を受けた場合には、登録日以降、課税事業者となる。
簡易課税制度	基準期間の課税売上高が**5,000万円以下**の場合、みなし仕入率による簡易計算ができる簡易課税制度を選択できる。簡易課税を選択した場合は、**2年間継続**しなければならない。この場合、原則消費税の還付はない
申告と納付	・法人……課税期間の末日の翌日から2ヵ月以内 ・個人……翌年1月1日〜3月31日まで （消費税額が一定額を超える事業者は中間申告・納付をする）

チェックポイント

【問題35】 消費税に関する次の記述のうち、最も不適切なものはどれか。

1. 消費税は、原則として、事業者が国内において対価を得て行う商品等の販売やサービスの提供に対して課税されるが、土地の譲渡など非課税とされる取引がある。
　①
2. 基準期間の課税売上高が1,000万円以下の事業者は、届出により課税事業者を選択している場合を除き、免税事業者となる。
　②
3. 簡易課税制度を選択した事業者は、原則として、最低2年間は簡易課税制度の適用を継続しなければならない。
　③
4. 簡易課税制度を選択した事業者の納付すべき消費税の金額は、一律40％のみなし仕入れ率を用いて計算される。
　④

①適切。

②適切。

③適切。

④不適切。簡易課税制度は、売上を第一種事業から第六種事業までの6つに区分し、それぞれ90％から40％のみなし仕入れ率を適用する。

正解	4

【問題36】 事業者が国内で対価を得て行う次の不動産に関する取引のうち、消費税の非課税取引となるものはどれか。

1. 土地（更地）の譲渡
　①
2. 貸事務所の賃貸
　②
3. 貸付期間が1ヵ月未満の土地の貸付け
　③
4. 住宅用賃貸物件の仲介
　④

①該当。土地の譲渡は非課税取引である。

②該当しない。なお、住宅としての賃貸は非課税取引である。

③該当しない。貸付期間が1ヵ月に満たない場合は課税対象となる。駐車場その他の施設の利用に伴って土地が使用される場合は課税対象となる。ただし、なんら施設を設けない青空駐車場は非課税である。

④該当しない。不動産の仲介手数料は課税対象である。

正解	1

E 不動産

1. 不動産の権利と登記

出題傾向	●登記の効力、登記の種類、登記記録の構成に関する出題が多い。

●不動産登記●

登記の効力	①登記がなければ第三者に対抗することができない （注）借地権は建物の登記をもって第三者に対抗できる。借家権は建物の引渡しにより第三者に対抗できる ②不動産登記には**公信力がない**。そのため、登記を信用して無権利者と取引をしても権利を取得できない場合がある
登記の対象	所有権などの物権のほか、賃借権（債権）についても登記ができる
登記の種類	表題登記	表題部に記載される登記で、不動産の物理的概要を明確にする。建物を新築したときなど、**1ヵ月以内に申請**しなければならない
	所有権保存登記	建物を新築したときなど、初めて所有者であることを示すための登記
	所有権移転登記	他人から売買などによって不動産を取得したとき、その所有権を移すための登記
	仮登記	将来、本登記をすることに備えて、あらかじめ**登記の順位を確保**する目的でなされる登記

●登記記録（登記簿）の構成●

	記載内容	留意事項
表題部	土地や建物の物理的概要 ・土地：所在、地番、地目、地積等 ・建物：所在、家屋番号、床面積等	**所在・地番は、住居表示と一致しているとは限らない** 地目も現況と一致しているとは限らない
権利部 甲 区	**所有権に関する事項** ・所有権保存、所有権移転、買戻特約等	**差し押さえ、仮差し押さえも甲区に記載**される
権利部 乙 区	**所有権以外の権利に関する事項** ・抵当権、賃借権、地上権等	地上権は登記されていることが多いが、借地権が賃借権の場合は登記されていないのが一般的

●登記記録（登記簿）面積●

＊建物の床面積の計算方法には「壁芯（へきしん、かべしん）計算」と「内法（うちのり）計算」という2通りがある
・壁芯計算：壁の厚みの中心線で囲まれた面積を床面積とする方法。**マンションのパンフレット類**には、**壁芯計算**による床面積が記載される
・内法計算：壁に囲まれた内側の面積を床面積とする方法。登記記録（登記簿）には、**マンションの登記**をするときには**内法計算**による床面積が記載される。そのため、物件広告と登記記録を比べると、登記記録の面積の方が小さいことに注意！（戸建住宅の場合は、登記記録の面積は壁芯計算で算出）

【問題1】　不動産の登記等に関する次の記述のうち、最も不適切なものはどれか。

1. 不動産登記上、抵当権に関する事項は、登記記録の権利部（乙区）に記録されている。
　　①
2. 分譲マンションの不動産登記上の床面積は、壁芯面積ではなく、内法面積で表示されている。
　　②
3. 不動産登記には公信力があるため、登記記録を確認し、その登記記録の内容が真実であると信じて取引した場合には、その登記記録の内容が真実と異なっていても法的な保護を受けることができる。
　　③
4. 登記所は、不動産登記法に基づく地図が備え付けられるまでの間、これに代えて地図に準ずる図面（いわゆる公図）を備え付けることができる。

チェックポイント

①適切。

②適切。登記簿上は内法（うちのり）面積計算、一方、パンフレット上はそれよりも多少広い壁芯面積、とされている。

③不適切。不動産登記には、公信力がないため、これを信頼して取引をしても、保護されない（権利を取得できない）ことがある。

正解　3

【問題2】　不動産の登記に関する次の記述のうち、最も不適切なものはどれか。

1. 土地に関する登記記録は、一筆の土地ごとに作成される。
　　①
2. 賃借権に関する登記事項は、登記記録の権利部乙区に記録される。
　　②
3. 不動産の登記事項証明書の交付を受けることができるのは、当該不動産の利害関係者に限られる。
　　③
4. 土地の所有者とその土地上の建物の所有者が異なる場合は、その土地の登記記録に借地権設定の登記がなくても、借地権が設定されていることがある。
　　④

①適切。

②適切。

③不適切。登記事項証明書は誰でも交付を受けられる。

④適切。

正解　3

2. 不動産の調査と取引

出題傾向	●調査内容や調査先について基本的事項を覚える。 ●売買契約時の留意事項については、手付金による解約時期や契約不適合責任を中心に出題される。

●調査内容・調査先●

調査内容	調査先	調査資料等	留意事項
物 的 内 容 権 利 関 係	**登記所** **（法務局）**	登記記録、公図、地積測量図、建物図面	・誰でも入手することができる ・**公図は精度が不完全**なものが多い ・地積測量図はすべての土地に備え付けられているわけではない
	市区町村	固定資産課税台帳	・閲覧を本人以外の者がする場合、**本人の委任状が必要** ・借地人、借家人は閲覧可
都市計画関係	市区町村	**都市計画図**、担当者	・都市計画図には、市街化区域・市街化調整区域、用途地域、建蔽率・容積率、防火地域・準防火地域などが記載されている

●売買契約時の留意事項●

基 本 的 な 考 え 方	・売買契約書で契約当事者が規定を設けていなかった事項については、民法の規定に従う
手 付 金	・証約手付、解約手付、違約手付があるが、実務上は解約手付が通常 ・**解約手付**とは、**相手方が履行に着手するまでの間は、買主は手付金の放棄により、売主は倍返し**することにより、契約を解除することができるという趣旨の手付金
売買対象面積	・マンションの専有部分についての売買面積は、登記簿面積（内法計算）によるが、パンフレット等に記載される面積は、それよりも若干広い**壁芯面積**となっているため注意が必要
危 険 負 担	・民法改正により、売買目的物が引渡し前に天災等で滅失した場合、買主は売買代金の支払いを拒絶することができるようになった
契 約 不 適 合 責 任	・契約不適合責任とは、種類、品質または数量に関して契約の内容に適合しないものがあるときに売主が負担する責任である ・買主が売主へ契約不適合責任を請求するためには、契約不適合を知ったときから**1年以内**に売主に通知する必要がある（除斥期間） ・除斥期間内に通知したとしても、権利を行使することができることを知ったときから**5年**または 権利を行使することができるときから**10年**を経過すると、消滅時効により請求権は消滅する ・売主は、過失がなくても契約内容に不適合な点につき、その責任を負う**（損害賠償請求は売主に故意・過失がある場合のみ可能）** ・宅地建物取引業者が自ら売主となる売買契約では、契約不適合責任について「引渡しの時から２年（以上）とする」特約を除き、民法の規定よりも不利になる特約を締結してはいけない ・「住宅の品質確保の促進等に関する法律」により、**新築住宅については引渡し時から10年間の瑕疵担保責任**が義務付けられている

【問題3】　民法に基づく建物の売買契約上の留意点に関する次の記述のうち、最も適切なものはどれか。なお、特約については考慮しないものとする。

1．買主は、解約手付を交付したときは、売主が契約の履行に着手する前であれば、手付金を放棄することによって、売買契約を解除することができる。
　　　　　　　①
2．売買契約の目的物である建物が、契約締結後引渡しまでの間に売主の責めに帰すことができない事由で滅失した場合、買主は建物の代金を支払わなければならない。
　　　　　　　　　　　　　　　　　　②
3．売主に売買契約上の債務の履行遅滞が生じた場合、買主は催告をせずに直ちに契約を解除することができる。
　　　　　　　③
4．売買契約の目的物である建物に契約内容に不適合な点が発見されても、引渡しが完了している場合は、買主は契約の解除や損害賠償を請求することができない。
　　　　　　　　　　　　　④

【問題4】　不動産の売買契約における留意点に関する次の記述のうち、最も不適切なものはどれか。

1．買主が売主に解約手付を交付した場合、買主が契約の履行に着手するまでは、売主はその手付金の倍額を償還して契約を解除することができる。
　　　　　　　　　　　　　①
2．契約において公簿取引とした場合、売買対象面積を登記簿面積とし、後日、実測した結果、実測面積が登記簿面積と相違しても、売買代金の精算を行わないこととなる。
　　　　　　　　　　　　　②
3．不動産の売買契約は、契約書を作成してはじめてその効力を有する。
　　　③
4．実測取引では、契約から引渡しまでの間に土地の実測を行って登記面積と実測面積が相違したときは、一定の単価で売買代金を増減できる。
　　　　④

3. 不動産の価格

出題傾向	●不動産の公的評価については、基準日と目的に関する出題が多い。 ●不動産の各評価方法についても押さえておきたい。

●不動産の公的評価●

価格の種類	公示価格	基準地標準価格	相続税路線価	固定資産税評価額
実施主体	国土交通省 土地鑑定委員会	都道府県知事	国税庁（国税局長）	市町村長 （23区は東京都）
基準日	毎年 **1月1日**	毎年 **7月1日**	毎年 1月1日	**3年に1度** 前年1月1日
発表時期	3月	9月	7月	―
目的	売買の目安	売買の目安	相続税・贈与税において市街地の土地の財産評価をする際の基礎	固定資産税・都市計画税・不動産取得税・登録免許税などの算出基礎
その他	公示区域内で実施	都市計画区域内外で実施	**公示価格の80％**の価格水準	**公示価格の70％**の価格水準

●鑑定評価●

原価法	不動産の再調達原価を求め、これに減価修正を行って求める方法（この手法による試算価格を「積算価格」という。「費用性」に着目した価格） (注)対象不動産が既成市街地の土地の場合には適用が困難となる
取引事例比較法	類似地域内等における取引事例に個別要因等を加味して算出する方法（この手法による試算価格を「比準価格」という。「市場性」に着目した価格）
収益還元法	不動産から得られるであろう純収益の現在価値の総和を求める方法で、直接還元法とDCF法（Discounted Cash Flow法）がある（この手法による試算価格を「収益価格」という。「収益性」に着目した価格） (注)**賃貸用不動産の評価に有効な方法**であるが、**自用の不動産にも適用できる**

【問題5】　不動産の価格に関する次の記述のうち、最も適切なもの
　　　　　　はどれか。

1．公示価格は、<u>都市計画区域内においては標準地を鑑定評価して
　　求められた価格であるが、都市計画区域外では標準地がないた
　　め、倍率方式により算出されている。</u>
　　　　　　　　　　　　　　　　　①
2．都道府県地価調査の基準地の標準価格は、<u>毎年1月1日を基準
　　日として3月に公表される価格</u>であり、公示価格を補完する役
　　　　　　　　　　②
　　割を有する。
3．相続税路線価は、毎年、各国税局が公表している価格であり、
　　<u>公示価格の70%である。</u>
　　　　　　③
4．固定資産税評価額は、原則として<u>3年ごとの基準年度において
　　評価替えが行われる。</u>
　　　　　④

①不適切。公示区域にお
いて選定された標準地に
ついて価格が公示される。
公示区域の標準地は、都
市計画区域内に加えて、
都市計画区域外の一定の
区域においても定められ
ている。

②不適切。「毎年7月1
日基準、9月発表」であ
る。

③不適切。公示価格の「80
%水準」である。

④適切。

正解　　4

【問題6】　不動産の鑑定評価の手法に関する次の記述のうち、最も
　　　　　　不適切なものはどれか。

1．<u>原価法は、価格時点における対象不動産の再調達原価を求め、
　　この再調達原価について減価修正を行って対象不動産の積算価
　　格を求める手法である。</u>
　　　　　　　①
2．<u>取引事例比較法は、多数の取引事例を収集して、適切な事例を
　　選択し、これらの取引価格に事情補正および時点修正ならびに
　　地域要因の比較および個別的要因の比較を行って求められた価
　　格を比較考量して、対象不動産の比準価格を求める手法である。</u>
　　　　　　　　　　　　　　　　　　　　②
3．<u>収益還元法は、対象不動産が将来生み出すであろうと期待され
　　る純収益の現在価値の総和を求めることにより、対象不動産の
　　収益価格を求める手法である。</u>
　　　　　③
4．<u>収益還元法は、実際に賃貸の用に供されていない自用の不動産
　　の価格を求める際には用いることができない。</u>
　　　　　　　　　　　　　　　　④

①②③は適切。

④不適切。実際に賃貸の
用に供されていない自用
の不動産価格を求める際
にも用いることが可能で
ある。

正解　　4

4. 宅地建物取引業法

出題傾向	●出題される場合、ポイントとなるのは宅建業の範囲、媒介契約、報酬限度額の３つ。

●宅地建物取引業の範囲●

・宅地建物取引業を営む者は、都道府県知事（２以上の都道府県に事務所を設置する場合は国土交通大臣）の免許を受けなければならない
・宅地建物取引業とは、次の○印の行為をいう

	売買	交換	貸借
自ら業として行う	○	○	×
代理を業として行う	○	○	○
媒介を業として行う	○	○	○

＊自ら貸主となって、宅地建物を貸す行為（アパート経営等）は宅地建物取引業には該当しない

●重要事項の説明●

・宅建業者は、重要事項について重要事項説明書を交付して説明しなければならない
・宅地建物取引士が必ず説明しなければならない

●媒介契約・手付●

・宅建業者が顧客から不動産の売却・購入等の依頼を受ける場合、媒介契約を締結する。媒介契約には、「一般媒介契約」「専任媒介契約」「専属専任媒介契約」の３種類がある。

	契約期間	他の業者への依頼	自己発見取引	指定流通機構への登録義務	業務処理状況の報告義務
専任媒介契約	**３ヵ月**以内	×	○	○（７日以内）	○（**２週間に１回**）
専属専任媒介契約	**３ヵ月**以内	×	×	○（５日以内）	○（**１週間に１回**）

（注）自己発見取引とは、自ら買主を探して取引すること

・宅地建物取引業者が、自ら売主となって手付金を受領するときは、その金額は売買代金の**２割**を超えてはいけない。

●報酬限度額●

	依頼者の一方から受領できる報酬限度額（消費税除く）	
売買・交換の媒介の場合	売買代金	報酬限度額
	200万円以下	売買代金×５％
	200万円超400万円以下	売買代金×４％＋２万円
	400万円超	**売買代金×３％＋６万円**
売買・交換の代理の場合	上記の２倍	
貸借の媒介・代理の場合	賃貸人、賃借人あわせて**賃料の１ヵ月分**	

（注）この他、依頼者の依頼による広告料金その他依頼者の特別の依頼による支出で依頼者の承諾したものは、別途受領できる

【問題7】　宅地建物取引業法に関する次の記述のうち、最も適切な
　　　　　ものはどれか。なお、本問においては、売買における買
　　　　　主は宅地建物取引業者ではないものとする。

1．賃貸マンションの所有者が、自らが所有する賃貸マンションの
　賃貸運営および管理を業として行う場合は、宅地建物取引業の
　免許が必要となる。
　　　　　①
2．宅地建物取引業者が、宅地または建物の売買の媒介をする際に
　おける買主に対する重要事項説明書の交付および説明は、当該
　売買契約が成立してから引渡しまでの間に行わなければならな
　い。
　①
3．宅地建物取引業者が、宅地または建物の売主と一般媒介契約を
　締結する際に、３ヵ月を超える有効期間を定めた場合には、有
　効期間は３ヵ月とされる。
　　　　　③
4．宅地建物取引業者が、自ら宅地または建物の売主となる売買に
　おいて、買主が売主の事務所で買受けの申込みおよび契約をし
　た場合、買主はクーリング・オフによる契約の解除をすること
　はできない。
　④

①不適切。自らが所有の
物件を管理するのみであ
れば、免許は不要。

②不適切。契約が「成立
する前」に行うべきであ
る。

③不適切。これは、専任
媒介契約、専属専任媒介
契約の説明である。

④適切。宅地建物取引業
者の事務所における売買
契約については、クーリ
ング・オフの対象外。

正解	4

【問題8】　宅地建物取引業法に関する次の記述のうち、最も適切な
　　　　　ものはどれか。なお、本問においては宅地建物取引業者
　　　　　を業者といい、売買の買主は業者ではないものとする。

1．専任媒介契約・専属専任媒介契約共に、媒介契約の有効期間は
　３ヵ月を超えることができず、３ヵ月を超える定めをした場合
　は、その媒介契約は無効である。
　①
2．建物について石綿の使用の有無の調査の結果が記録されている
　ときでも、業者は、その建物の賃貸借を媒介する際に、石綿に
　係る記録内容について、賃借人に対する重要事項として説明す
　る必要はない。
　②
3．業者が自ら売主として土地付建物の売買契約を締結する場合に、
　瑕疵担保責任を負う期間を引渡しの日から１年間とする特約を
　したときは、その特約は無効である。
　　　　　③
4．業者が自ら売主となって受領する手付金は、売買代金の１割を
　超えてはならない。
　④

①不適切。３ヵ月を超え
る定めをした場合、有効
期間は３ヵ月となる。

②不適切。アスベスト（石
綿）の使用有無の記録は
重要事項として賃借人等
に対して説明する。

③適切。業者が自ら売主
となる売買契約では、「引
渡しのときから２年以
上」との特約を除いて、
民法の定めよりも買主に
不利にしてはならない。

④不適切。「２割」を超
えてはならない。

正解	3

5. 借地借家法

重 要 度
★ ★ ★

| 出題傾向 | ●借家は普通、定期ともに幅広い内容で、ほぼ毎回出題されている。
●普通借地権、定期借地権、定期借家権の要件や利用上の注意点について出題される。 |

●借地権●

	普通借地権	定期借地権等			
		定期借地権	事業用定期借地権等		建物譲渡特約付借地権
			借地借家法 23条1項	借地借家法 23条2項	
契 約 期 間	**30年以上**	**50年以上**	**30年以上 50年未満**	**10年以上 30年未満**	30年以上
利 用 目 的	制限なし	制限なし	**事業用に限定** 居住用は不可（賃貸マンション等も不可）		制限なし
契約の更新	最初の更新：20年 2回目以降：10年 （地主が更新の拒絶をするためには、正当事由が必要）	更新しない （更地で返還）	更新しない （更地で返還）		建物譲渡により借地権消滅
契 約 方 法	制限なし	**公正証書等の 書面**による	必ず**公正証書**による		制限なし

(注)上記の借地借家法（新法）は1992年8月から施行されたが、それ以前に発生していた借地借家契約については、旧法の適用となる（更新後も旧法）。賃借権に基づく借地権では土地の借地権に関する登記がなくても、借地上の建物を登記することでその土地の借地権を第三者に対抗できる

●借家権●

	普通借家権（建物賃貸借）	定期借家権（定期建物賃貸借）
利 用 目 的	制限なし	制限なし
契 約 期 間	1年以上（超長期でも可）。1年未満の場合は期間の定めのない契約となる	**制限はない**（1年未満も可）
契約の更新	賃貸人が更新の拒絶をするためには、**正当事由**が必要	契約の更新がない。貸主は満了の6ヵ月前までに、終了の通知が必要
契 約 方 法	制限なし	**公正証書等の書面**による
そ の 他	・建物賃貸借は、**その登記がなくても建物の引渡しがあれば**、第三者に対抗できる ・一定期間、家賃を増額しない旨の特約は可。減額しない旨の特約は無効 ・あらかじめ、エアコンなどの造作買取りの請求権を放棄する特約も可。	・中途解約は、原則認められない（但し、床面積200㎡未満の居住用で、転勤等のやむを得ない事情の場合は、中途解約が可能）

(注)一時使用のための賃貸借には、借地借家法は適用されない

【問題9】 借地借家法に関する次の記述のうち、最も適切なものは
どれか。なお、本問においては、同法第22条から第24条
の定期借地権等以外の借地権を普通借地権という。

1. 借地借家法施行前の借地法に基づき設定された借地権が、期間
満了により借地借家法施行以降に更新された場合、更新後の借
地権の存続期間は、借地借家法の規定に従うこととなる。
①

2. 普通借地権の存続期間が満了する場合、借地権者が契約の更新
を請求したときは、建物がある場合に限り、原則として、従前
の契約と同一条件（更新後の期間を除く）で契約を更新したも
のとみなされる。
②

3. 一般定期借地権の存続期間は50年とされ、貸主および借主の合
意によりこれより長い期間を定めても、存続期間は50年とされ
る。
③

4. 事業用定期借地権等の設定に関する契約は書面によって行わな
ければならないが、必ずしも公正証書による必要はない。
④

①不適切。更新後も借地
借家法施行前の借地法の
規定に従う。

②適切。

③不適切。合意により50
年より長い期間を定めた
場合の存続期間はその定
めた期間。

④不適切。事業用定期借
地権の設定契約は、必ず
公正証書による。

正解 2

【問題10】 借地借家法の建物の賃貸借に関する次の記述のうち、最
も不適切なものはどれか。なお、本問においては、借地
借家法における定期建物賃貸借契約を定期借家契約、そ
れ以外を普通借家契約という。

1. 賃貸人からの普通借家契約の更新拒絶は、正当の事由がある場
合でなければすることができない。
①

2. 賃貸借期間を1年未満とする普通借家契約は、期間の定めがな
い建物の賃貸借とみなされる。
②

3. 定期借家契約は、あらかじめ当事者である賃貸人と賃借人が期
間満了後に契約を更新する旨の合意をしていた場合、その契約
を更新することができる契約である。
③

4. 定期借家契約を締結する場合は、公正証書その他の書面によっ
てしなければならない。
④

①適切。

②適切。

③不適切。定期借家契約
は、契約期間が満了すれ
ば、更新されることなく
確定的に賃貸借が終了す
る契約である。なお、再
契約することは可能。

④適切。

正解 3

6. 建築基準法

★　★　★

出題傾向	●建築基準法からは最低でも１問は出題される可能性が高い。 ●道路、建蔽率・容積率、用途地域内の建築制限についての出題が多い。

●道路と接道義務●

接道義務	都市計画区域内・準都市計画区域内の建物の敷地は、建築基準法上の**道路に２ｍ以上接**していなければならない
建築基準法上の道路とは	①原則、幅員が**４ｍ以上**の道路 ②昔からある４ｍ未満の道路（42条２項道路または単に２項道路）(注) ③特定行政庁の認定を受けた幅員４ｍ以上の私道（位置指定道路） (注)２項道路の場合、道路中心線から２ｍ離れた所が道路境界線とみなされるので、建物を建てる際には敷地をその道路境界線まで後退（**セットバック**）させなければならない

●建蔽率と容積率●

建蔽率	建蔽率とは、建築面積の敷地面積に対する割合 用途地域ごとに指定建蔽率が定められているが、次の緩和規定がある ・建蔽率が80％の地域（商業地域等）内でかつ防火地域内に耐火建築物等を建てる場合→**建蔽率の制限がない** ・建蔽率が**80％以外**の地域（住居系用途地域等）でかつ防火地域内に耐火建築物等を建てる場合、準防火地域内に耐火建築物、準耐火建築物等を建てる場合→**10％緩和** ・**角地→10％緩和**
容積率	容積率とは、建物の延べ面積の敷地面積に対する割合 用途地域ごとに指定容積率が定められているが、次の制限規定がある ・敷地の前面道路の幅員が12ｍ未満の場合には、次の（イ）（ロ）の**いずれか少ない方**が実際の容積率となる （イ）指定容積率　（ロ）前面道路幅員×**0.6**（住居系用途地域の場合は**0.4**）

(注)セットバック部分の面積は、敷地面積に算入しない

●用途地域内の建築制限●

用途地域	住居系 ┌ 第１種低層**住居**専用地域 │ 第２種　　〃 │ 第１種中高層**住居**専用地域 │ 第２種　　〃 │ 第１種**住居**地域 │ 第２種　　〃 │ 準　　　　〃 └ 田園住居地域	商業系 ┌ 近隣商業地域 └ 商業地域 工業系 ┌ 準工業地域 │ 工業地域 └ 工業専用地域
建築制限 （主なポイント）	・**住宅・共同住宅・老人ホーム…工業専用地域以外はOK** ・診療所と病院…診療所はすべての地域でOK。病院は一部ダメ ・カラオケボックス・ホテル…住居系でも一部地域でOK ・コンビニエンスストア…第１種低層住居専用地域ではダメ	

●建物が２つの地域にわたる場合の取扱い●

建蔽率・容積率が異なる地域にわたる場合	**加重平均**して計算する
用途地域が異なる地域にわたる場合	**過半が属する用途地域**の規定を適用
防火地域・準防火地域にわたる場合	**防火地域**の規定を適用

【問題11】 都市計画区域および準都市計画区域内における建築基準法の規定に関する次の記述のうち、最も不適切なものはどれか。

1. 建築物が防火地域と準防火地域にわたる場合においては、原則として、その建築物のすべてに防火地域内の建築物に関する規定が適用される。
   ①

2. 建築物の敷地が2つの異なる用途地域にまたがる場合は、敷地の過半が属する方の用途地域の用途規制が適用される。
   ②

3. 防火地域内に耐火建築物を建築する場合、建蔽率の制限が緩和される。
   ③

4. 都市計画区域内においては、原則として、建築物の敷地は建築基準法に規定する幅員2m以上の道路に4m以上接していなければならない。
   ④

■チェックポイント

①適切。

②適切。

③適切。建蔽率80％以外の地域で、防火地域内に耐火建築物を建築する場合は、10％緩和される。

④不適切。「幅員4m以上」の道路に、2m以上接する必要がある。

| 正解 | 4 |

【問題12】 以下の土地に、戸建住宅を建築する場合の延べ面積の限度として、最も適切なものはどれか。なお、記載のない条件については、考慮する必要はない。

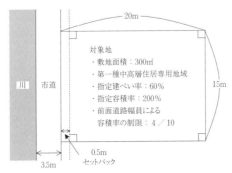

対象地
・敷地面積：300㎡
・第一種中高層住居専用地域
・指定建ぺい率：60％
・指定容積率：200％
・前面道路幅員による
　容積率の制限：4／10

※市道は建築基準法第42条第2項に該当する道路である。また、対象地は長方形で、道路の境界線およびセットバック部分は対象地に対して垂直である。

1. 468㎡
2. 480㎡
3. 585㎡
4. 600㎡

セットバック部分の面積
(15×0.5＝7.5㎡)
よって、敷地面積
(300－7.5＝292.5㎡)
4m（前面道路幅員）×0.4（定数）＝160％…200％（指定容積率）より小さい。よって、160％を採用。
292.5㎡×160％＝468㎡

| 正解 | 1 |

7. その他の不動産関連法規

出題傾向	●都市計画法からは、開発許可に関する出題が多い。 ●その他の関連法規では、農地法・区分所有法などからの出題が予想される。

●都市計画法●

※計画的な街づくりを行うための基本法

```
            ┌─ 線引き区域 ─┬─ 市街化区域
            │              │  ・すでに市街化を形成している
都市計画区域 ─┤              │    区域および概ね10年以内に優
            │              │    先的・計画的に市街化を図る
            │              │    べき区域
国土 ─┬─          │              │  ・必ず用途地域を定める
      │ 準都市計画区域    └─ 非線引き区域 ─ 市街化調整区域（市街化を
      │                                    抑制すべき区域）
      └─ 都市計画区域外（原則、規制の対象外）
```

●開発許可●

　主として建築物の建築または特定工作物の建設の用に供する目的で行う土地の区画形質の変更を「開発行為」といい、一定要件のもとに、あらかじめ都道府県知事の許可を受けなければならない。

開発許可を受けた開発地内の特徴

①原則、工事完了公告前は建築物の建築は不可	②公告前でも譲渡が可能

開発許可を要しない小規模な開発行為

市街化区域	規模が**1,000㎡未満**（３大都市圏の一定区域は500㎡未満）
非線引き区域 準都市計画区域	規模が3,000㎡未満
都市計画区域および 準都市計画区域外の区域	規模が10,000㎡未満

●農地法●

	3条申請	4条申請	5条申請
目　的	農地を農地として所有権を移転	農地を宅地等に転用	農地を宅地等に転用する目的で所有権を移転
許可権者	原則：農業委員会	原則：都道府県知事	原則：都道府県知事
備　考	相続による取得の場合は許可不要	**市街化区域内の農地**については **農業委員会への届出**でよく、許可不要	

●区分所有法● 区分所有者は、原則として専有部分と敷地利用権を分離して処分することができない

共有部分の重大な変更	区分所有者および議決権
規約の設定・変更・廃止 大規模滅失の復旧	**3／4以上**の賛成
建替え	**4／5以上**の賛成

　これらは毎年１回以上、招集される集会における決議による。この他、集会では、管理者の選任・解任ができる。また、専有部分の占有者（例：オーナーから賃借している者）は、建物・敷地・付属設備の使用方法に関する規約・決議について、区分所有者と同一の義務を負う。

【問題13】 都市計画法の規制に関する次の記述のうち、最も不適切なものはどれか。

1．市街化区域内で行う一定面積未満の開発行為は、都道府県知事等の許可を受ける必要はない。
　①
2．開発許可を受けた開発区域内の土地に建築物を建築する場合は、規模等にかかわらず、建築基準法の建築確認は必要ない。
　②
3．開発許可を受けた開発区域内の土地においては、開発行為に関する工事完了の公告があるまでの間は、原則として、建築物を建築することができない。
4．市街化調整区域のうち開発許可を受けた開発区域以外の区域内においては、原則として、都道府県知事等の許可を受けなければ建築物を建築することはできない。

①適切。市街化区域内で行う1,000㎡未満の開発行為は許可不要。

②不適切。開発区域内でも原則建築確認は必要。

正解　2

【問題14】 農地法の規制に関する次の記述のうち、最も不適切なものはどれか。

1．市街化区域内の農地に耕作のための賃借権を設定する場合には、許可が必要である。
　①
2．市街化区域内の農地の宅地への転用は、農業委員会への届出が必要である。
　②
3．市街化区域内の農地を宅地への転用目的で所有権を移転するには、例外なく許可が必要である。
　③
4．市街化区域内の農地を農地として売買するには、許可が必要である。
　④

①適切。農業委員会の許可が必要である。
②適切。農地法4条。
③不適切。市街化区域内にある農地については、農業委員会へ届け出ることで宅地への転用目的で所有権を移転できる。農地法5条。
④適切。市街化区域の内外を問わない。農地法3条。

正解　3

【問題15】 建物の区分所有等に関する法律に関する次の記述のうち、最も不適切なものはどれか。

1．区分所有建物の建替えは、集会において区分所有者および議決権の各3分の2以上の賛成による決議がなければできない。
　①
2．共用部分に対する区分所有者の共有持分は、規約で別段の定めがある場合を除き、各共有者が有する専有部分の床面積の割合による。
3．区分所有者は、敷地利用権が所有権その他の権利である場合、規約で別段の定めがある場合を除き、敷地利用権を専有部分と分離して処分することはできない。
　②
4．区分所有者は、区分所有者の団体である管理組合等を任意に脱退することはできない。
　③

①不適切。建替えは4／5以上の賛成が必要。

②適切。

③適切。管理組合は、区分所有者全員で構成される。

正解　1

8. 不動産を取得したときの税金

重 要 度
★ ★

出題傾向	●登録免許税＋不動産取得税＋他の税金で出題されることがある。 ●住宅の場合の特例がポイントとなる。

●登録免許税（国税）●

※土地・建物を登記するときに課税される	
土　地 （所有権移転登記）	税額＝固定資産税評価額×税率 ※住宅の敷地についての**軽減の特例はない**
建　物 （所有権保存登記、 所有権移転登記、等）	税額＝固定資産税評価額×税率 ※**軽減税率の特例**がある 〈特例の適用要件〉 ・個人の自己居住用に限定 ・床面積が50㎡以上であること ・新築又は取得後**1年以内に登記**すること ・中古の場合には、一定の耐震基準に適合していること、または1982年1月1日以後に建築されていること

●不動産取得税（地方税）●

※土地・建物を取得（増改築を含む）したときに課税される（**登記の有無に関係なし**）。ただし、**相続による取得の場合は非課税**（贈与による取得は課税）	
土　地	原則：税額＝固定資産税評価額×$\frac{1}{2}$×**3％** ※一定の住宅用敷地の特例として、下記の税額控除がある ・土地1㎡当たりの価格×$\frac{1}{2}$×住宅の床面積の2倍（一戸当たり200㎡が限度）×3％ 　（最低でも45,000円を控除できる）
建　物	原則：税額＝固定資産税評価額×3％（店舗、事務所は4％） ※一定の住宅用家屋の特例として、下記のように控除できる 　金額がある 　　　税額＝（固定資産税評価額－控除額）×3％ （下表） （注1）長期優良住宅等については1,200万円に代えて**1,300万円**を控除 （注2）アパート、マンションの場合は**1室ごとに控除**される **［新築住宅の場合の適用要件］** ①個人でも法人でもよい ②賃貸用でもよい ③床面積が50㎡（賃貸は40㎡）以上240㎡以下 **［既存住宅（中古）の場合の適用要件］** ①個人の自己居住用のみに限定 ②床面積が50㎡以上240㎡以下 ③1982年1月1日以降に建築されたものであること―など

控除額（注）	新築された年月日
1,200万円	1997年4月1日以降新築の場合

【問題16】　不動産の取得等に係る税金に関する次の記述のうち、最も適切なものはどれか。

1．所定の要件を満たす住宅の敷地（特定の住宅用地）を取得した場合の不動産取得税は、固定資産税評価額から1,200万円を控除①したものに標準税率を乗じて算出する。

2．土地・建物などを取得したときの所有権移転登記に係る登録免許税の課税標準となる不動産の価額は、その年の1月1日現在の相続税評価額による。②

3．固定資産税の納税義務者は、年の中途にその対象となる不動産を売却しても、その年分の固定資産税を納めなければならない。③

4．不動産の売買契約書を作成した場合に課税される印紙税は、契約書を仮契約書と本契約書の2段階に区分した場合は、本契約書についてのみ納めればよい。④

①不適切。1,200万円の控除は新築住宅（建物）についてのものである。

②不適切。登録免許税の課税標準は、原則として、その年の1月1日現在の固定資産税課税台帳に記載された価額である。

③適切。1月1日現在の所有者がその年分の固定資産税を負担する。

④不適切。課税文書1通ごとに課税される。仮契約書、本契約書ともに課税文書である。

正解　3

【問題17】　不動産の取得に係る税金に関する次の記述のうち、最も不適切なものはどれか。

1．不動産取得税は、不動産の取得者に対して、当該不動産所在の都道府県により課税される。①

2．建物の所有権保存登記には登録免許税が課税されるが、建物の表題登記については登録免許税は課税されない。②

3．住宅用建物の譲渡は、消費税の非課税取引とされている。③

4．不動産を購入する際の売買契約書および建築工事の請負契約書は、記載された契約金額が1万円未満の場合を除き、印紙税が課税される。④

①適切。

②適切。

③不適切。土地の譲渡が、消費税の非課税取引である（P142参照）。

④適切。契約金額1万円未満は非課税。

正解　3

9. 不動産を保有しているときの税金

重要度 ★ ★

出題傾向	●固定資産税＋都市計画税で出題されることが多い。 ●住宅の場合の特例を中心に覚えておく。

●固定資産税（地方税）●

・**1月1日現在の土地・建物の所有者に課税**される
・**住宅用地には課税標準**（税率を乗じて税額を得るための基礎となるもの）**の特例があり、新築住宅には税額軽減の特例がある**

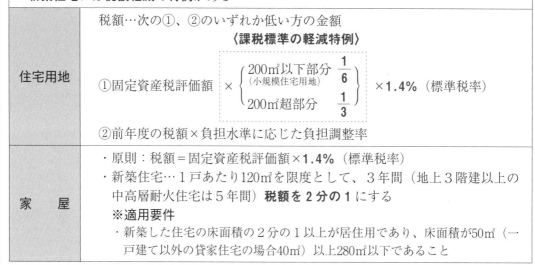

住宅用地	税額…次の①、②のいずれか低い方の金額 〈課税標準の軽減特例〉 ①固定資産税評価額 × { 200㎡以下部分（小規模住宅用地） $\frac{1}{6}$ / 200㎡超部分 $\frac{1}{3}$ } × **1.4%**（標準税率） ②前年度の税額×負担水準に応じた負担調整率
家　　屋	・原則：税額＝固定資産税評価額×**1.4%**（標準税率） ・新築住宅…1戸あたり120㎡を限度として、**3年間**（地上3階建以上の中高層耐火住宅は**5年間**）**税額を2分の1**にする ※適用要件 ・新築した住宅の床面積の2分の1以上が居住用であり、床面積が50㎡（一戸建て以外の貸家住宅の場合40㎡）以上280㎡以下であること

●都市計画税（地方税）●

・**市街化区域内の土地・建物を所有している場合に課税される**
・住宅用地には課税標準の特例があるが、家屋には軽減の特例がない

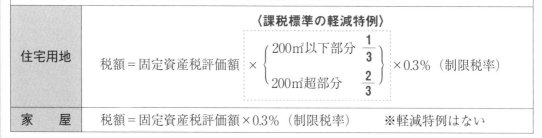

住宅用地	〈課税標準の軽減特例〉 税額＝固定資産税評価額 × { 200㎡以下部分 $\frac{1}{3}$ / 200㎡超部分 $\frac{2}{3}$ } × 0.3%（制限税率）
家　　屋	税額＝固定資産税評価額×0.3%（制限税率）　※軽減特例はない

●不動産所得●

・アパート経営などによる所得は、原則として「不動産所得」となる

不動産所得＝収入金額（①）－必要経費（②）
　①家賃・地代・権利金・礼金など
　　（注）**預かり敷金**（返還不要部分を除く）**は収入金額に算入しない**
　②固定資産税・都市計画税、不動産を取得するための借入金利子、減価償却費など

【問題18】 土地および家屋に係る固定資産税および都市計画税に関する次の記述のうち、最も適切なものはどれか。

1. 固定資産税の課税標準となる土地の価格は、公示価格の70%の水準となるように1月1日を基準日として<u>毎年評価替えが行われ</u>①、3月末に固定資産課税台帳に登録される。

2. <u>固定資産税における新築住宅に対する減額の特例は、居住用割合などで一定の要件を満たしていれば、賃貸の用に供する新築住宅についても適用される。</u>②

3. 都市計画税は、<u>都市計画区域内に存するすべての土地および家屋に課される。</u>③

4. 都市計画税は、<u>0.3%を標準税率として課される</u>④が、市区町村の条例によりこれを上回る税率を定めることができる。

チェックポイント

①不適切。評価替えは、原則3年に1回である。

②適切。なお一定の要件とは、居住用の床面積が1／2以上であること等である。

③不適切。市街化区域内の土地建物に対して課される。

④不適切。0.3％は、制限税率である。

正解 　　2

【問題19】 不動産に係る都市計画税および固定資産税に関する次の記述のうち、最も不適切なものはどれか。

1. <u>都市計画税の課税標準については、住宅用地で住宅1戸当たり200㎡以下の部分について、課税標準となるべき価格の3分の1の額とする特例がある。</u>①

2. 固定資産税をすでに全額納付している土地の所有者が、その土地を<u>年度の途中で譲渡した場合でも、年度内におけるその土地の所有月数に応じて月割りで税額の還付を受けることはできない。</u>②

3. 固定資産税の納税義務者は、毎年<u>4月1日現在</u>③において固定資産課税台帳等に土地または家屋の所有者として登記または登録されている者である。

4. 固定資産税は、1.4%を標準税率として課されるが、市区町村の条例により、これを上回る税率を定めることができる。

①適切。

②適切。このため、契約当事者間で精算をすることもあるが、これも収入として加える必要がある。

③不適切。1月1日現在、である。

正解 　　3

10. 不動産を譲渡したときの税金①

重 要 度
★ ★ ★

出題傾向	●一般的な取り扱いと居住用の場合の特例について、よく理解しておく。特に、3,000万円の特別控除を中心とする居住用財産の特例についての出題傾向が高い。

●短期譲渡と長期譲渡●

譲渡した年の**1月1日現在**で、所有期間が ── 5年以下→短期譲渡
5年超 →長期譲渡

(注)1．取得の日や売却の日は、土地建物等を引き渡した日のほか、売買契約の効力発生日とすることもできる
　　　2．相続・贈与により取得した場合、被相続人・贈与者が取得した日が取得日となる

●譲渡所得税の計算方法(分離課税)●

売却代金 － (取得費 ＋ 譲渡費用) － 特別控除額 ＝ 課税譲渡所得金額
　　　　　　　　　　　　　　　　　　　　(下表参照)

- ・売却した資産の取得価額（建物の場合は、減価償却費相当額控除後）
- ・購入後に要した設備費、改良費
  ただし、取得費が不明であったりしたときは「**売却代金×5％**」（概算取得費）で計算してよい

- ・仲介手数料
- ・売却のための登記費用
- **・借家人等の立退料**
- **・建物の取壊し費用**
  　　　　　　　　—など

課税譲渡所得金額 × 税率 (下表参照) ＝ 税額

●主な特別控除額●

特例が受けられる譲渡	特別控除額
①**居住用財産を譲渡**した場合 (注)1．**短期譲渡でも長期譲渡でも**適用可 　　　2．**配偶者**・直系血族への譲渡の場合は適用できない 　　　3．別荘の譲渡の場合は適用できない	**3,000万円**
②土地収用法などによって国や地方公共団体などに土地や建物を譲渡した場合	5,000万円

＊2009年1月1日〜2010年12月31日の間に取得した土地等で所有期間が5年超のものを譲渡した場合には、譲渡所得の金額から1,000万円を控除する制度がある。

●税率●

		所得税	住民税
短期譲渡	一律	**30%** （30.63%）	**9％**
一般の長期譲渡	一律	**15%**（15.315%）	**5％**
1月1日現在で10年超 所有の居住用財産	6,000万円以下の部分 6,000万円超の部分	**10%** （10.21%） 15%（15.315%）	**4％** 5％

(注)　1．3,000万円の特別控除と10年超所有の場合の軽減税率とは併用可能である。
　　　2．カッコ内は、復興特別所得税2.1％を含んだ税率。

【問題20】 個人が不動産を譲渡した場合の譲渡所得に関する次の記述のうち、最も適切なものはどれか。

1. 譲渡に係る契約の効力発生日と引渡し日が異なる場合、譲渡所得の金額の計算上、所有期間の判定をする際の譲渡の日は、契約の効力発生日としなければならない。①
2. 譲渡所得の金額の計算上、取得費が不明である場合には、譲渡収入金額の10%相当額を取得費②とすることができる。
3. 貸家に供していた不動産の譲渡に際して借家人に支払った立退料は、譲渡所得の金額の計算上、譲渡費用に含まれる。③
4. 譲渡した不動産が贈与により取得したものであった場合、譲渡所得の金額の計算上、所有期間の判定をする際の取得の日は、原則として贈与を受けた日④となる。

チェックポイント

①不適切。譲渡の日は、引き渡した日のほか、売買契約効力発生日とすることもできる。
②不適切。取得費が不明である場合は譲渡収入の5％を取得費とすることができる。
③適切。
④不適切。取得の日は贈与者が取得した日。

正解　3

【問題21】 「居住用財産を譲渡した場合の3,000万円特別控除の特例」（以下「本特例」という）に関する次の記述のうち、最も適切なものはどれか。なお、各選択肢において、適用を受けるために必要とされる他の要件等はすべて満たしているものとする。

1. 譲渡した年の1月1日において所有期間が5年以下の居住用財産を譲渡した場合、本特例の適用を受けることはできない。①
2. 居住用財産を配偶者に譲渡した場合であっても、本特例の適用を受けることができる。②
3. 本特例の適用を受けた翌年に、他の居住用財産を譲渡した場合であっても、その譲渡について本特例の適用を受けることができる。③
4. 本特例と「居住用財産を譲渡した場合の軽減税率の特例」は、重複して適用を受けることができる。④

①不適切。短期でも長期でも適用できる。
②不適切。配偶者への譲渡は適用不可。
③不適切。本特例は3年に一度、適用を受けられる。
④適切。

正解　4

【問題22】 居住用財産を譲渡した場合の3,000万円特別控除の特例（以下「本特例」という）に関する次の記述のうち、最も適切なものはどれか。

1. 夫婦で共有しかつ居住している居住用財産を譲渡し、本特例の適用を受ける場合、譲渡所得の金額の計算において、夫婦それぞれが最高3,000万円を控除することができる。①
2. 全床面積の70%が自己の居住用部分である店舗併用住宅とその敷地を譲渡し、3,000万円の譲渡益があった場合、本特例の適用を受けることにより、この譲渡に係る譲渡所得金額はゼロとなる。②
3. 居住の用に供さなくなった日以後5年を経過する日の属する年の12月31日までの家屋の譲渡については、本特例の適用対象となる。③
4. 居住用財産に係る譲渡所得の金額の計算において、本特例と「特定の居住用財産の買換えの特例」は重複して適用を受けることができる。④

①適切。土地だけでなく家屋も共有することによって、夫婦それぞれが3,000万円の控除を受けられる。
②不適切。居住部分がおおむね90％以上のときは全体を居住用として特例を受けられるが、70％では、店舗用の部分について3,000万円の控除はなく、居住している部分にだけ適用される。したがって、3,000万円の譲渡益はゼロにならない。
③不適切。5年ではなく3年である。
④不適切。重複ではなく選択適用である。

正解　1

11. 不動産を譲渡したときの税金②

出題傾向	●相続税の取得費加算、居住用財産の買換え特例、固定資産の交換の特例などについても出題されているので、基本を覚えておく。

●相続税の取得費加算●

・相続や遺贈によってもらった財産を**相続税の申告期限の翌日以後3年以内**（つまり相続開始日から3年10ヵ月以内）に譲渡した場合には、相続税のうち一定の額を譲渡所得の計算上、取得費に加算できる
・取得費加算額は、譲渡した資産の譲渡額が限度（取得費加算額により損失が生じることはない）

●居住用財産の買換え特例●

・自宅を売却し、かつ、売却した年の翌年末までに自宅を新築または購入した場合、一定の要件を満たせば、課税を将来に繰り延べる特例。次のように取り扱う
　①譲渡資産の価額≦買換資産の価額……譲渡がなかったものとされる
　②譲渡資産の価額＞買換資産の価額……譲渡資産の価額と買換資産の価額との差額分についてのみ譲渡があったものとされる
・譲渡資産は譲渡した年の**1月1日現在で10年超所有**していることが要件
・買換え特例の適用を受けた場合、居住用財産の**3,000万円特別控除**や、**10年超所有の場合の軽減税率の適用はない**

●固定資産の交換の特例●

・同種の固定資産を交換した場合、課税を繰り延べる特例。次のように取り扱う
　①交換譲渡資産の価額≦交換取得資産の価額……譲渡がなかったものとされる
　②交換譲渡資産の価額＞交換取得資産の価額……交換差金についてのみ譲渡があったものとされる
〈適用要件〉
・固定資産であること（販売用の棚卸資産は対象外）
・交換目的でなく取得し、かつ所有期間は1年以上であること
・同種の資産の交換（土地と土地、建物と建物）で、かつ同一の用途（土地の場合、農地から宅地は不可）に供すること。なお、借地権は土地とみなす（**借地権と底地の交換も適用可**）
・等価または交換差金が高い方の資産から見て、20％以下であること

●取得日の引継ぎ●

・取得の日を引き継ぐ場合…相続、贈与、交換、収用の買換え、その他（共有物の分割等）
・取得の日を引き継がない場合…居住用財産の買換え、事業用財産の買換え、等価交換

【問題23】　個人が居住用財産の譲渡をした場合の譲渡所得の特例に
　　　　　　関する次の記述のうち、最も適切なものはどれか。

1．居住用財産を譲渡した場合の3,000万円の特別控除の特例と、
　　居住用財産を譲渡した場合の長期譲渡所得の課税の特例（軽減
　　税率の特例）は、重複して適用を受けることができる。
　　　　　　　　　　　　　　　　　　　　　　　　　　①
2．特定の居住用財産の買換えの特例と、居住用財産を譲渡した場
　　合の3,000万円の特別控除の特例は、重複して適用を受けるこ
　　とができる。
　　　　　　②
3．居住用財産の買換え等の場合の譲渡損失の損益通算および繰越
　　控除の特例は、譲渡資産の所有期間にかかわらず、その適用を
　　受けることができる。
　　　　　　　　　　　③
4．特定居住用財産の譲渡損失の損益通算および繰越控除の特例に
　　おいて、他の所得との損益通算後になお譲渡損失の金額がある
　　場合には、その損失の金額は、翌年以後5年間の繰越控除が認
　　められる。
　　　④

①適切。

②不適切。重複適用は不可。

③不適切。本特例では、譲渡資産について所有期間5年超（譲渡年の1月1日現在）の要件が必要。P122参照。

④不適切。損失の金額は翌年以後3年間の繰越控除が認められる。P122参照。

正解　1

【問題24】　個人が居住用財産の譲渡または買換えをした場合におけ
　　　　　　る課税上の特例に関する次の記述のうち、最も不適切な
　　　　　　ものはどれか。

1．夫婦で共有しかつ居住している居住用財産（土地と建物）を譲
　　渡し、「居住用財産を譲渡した場合の3,000万円の特別控除の特
　　例」の適用を受ける場合、譲渡所得の金額の計算上、最高
　　3,000万円を控除することができるのは、夫婦のいずれか一方
　　のみである。
　　　　　　①
2．居住用財産を譲渡し「居住用財産を譲渡した場合の長期譲渡所
　　得の課税の特例」（軽減税率の特例）の適用を受けた場合、こ
　　の譲渡による課税譲渡所得金額のうち6,000万円以下の部分に
　　係る所得税の税率は、10％である。
　　　　　　　　　　　　②
3．「特定の居住用財産の買換えの特例」の適用対象となる譲渡資
　　産は、譲渡の年の1月1日において譲渡者の所有期間が10年を
　　超え、かつ、10年以上居住していることが必要である。
　　　　　　　　　　③
4．居住用財産を買い換えて「居住用財産の買換え等の場合の譲渡
　　損失の損益通算および繰越控除の特例」の適用を受けた場合で
　　　　　　　　　　　　　　　　　　④
　　も、一定の要件を満たせば、買換えで取得した居住用財産に係
　　る借入金について、住宅借入金等特別控除の適用を受けること
　　ができる。

①不適切。例えば、15,000万円（夫10,000万円、妻5,000万円）の譲渡収入だとして、
夫：10,000万円−3,000万円（特別控除）＝7,000万円
妻：5,000万円−3,000万円（特別控除）＝2,000万円
このように2人が適用することもできる。

②適切。住民税は4％。

③適切。所有期間および居住期間の両方が満たされる必要がある。

④の特例については、P122参照。

正解　1

12. 不動産の有効活用

出題傾向	●有効活用の形態における特徴や有効活用の方式などについて、1問出題される可能性が高いが、出題範囲が広い。 ●なかなか的を絞れないが、基本は押さえておくこと。

●有効活用の形態●

賃貸オフィス	・賃貸マンションよりも賃貸単価が高い ・**経済変動の影響を受けやすい**
アパート・賃貸マンション	・安定した収入が期待できる ・保有課税が最も優遇されている ・ワンルームマンションとファミリーマンションを比較した場合、1㎡あたりの**家賃や建築費の単価は、ワンルームマンションの方が高い**
ロードサイド店舗	・車両通行量の多い幹線道路沿いに接面している1,000㎡以上の土地（駐車場スペースが必要）に向いている
立体駐車場	・**借家権は発生しないので、暫定的な土地活用に適している**

●有効活用の方式●

項目＼方式		土地信託方式	等価交換方式	事業受託方式	定期借地権方式
概　　　要		土地所有者から土地の信託を受けた信託銀行が企画、資金調達、建築発注、テナント募集、建物の管理・運用のすべてを行い、土地所有者は信託配当を受け取る	土地所有者が提供する土地の価額と建設会社等が提供する建物の建築費との割合で、建物完成後の土地と建物に関する権利をそれぞれが取得する	企画、建物の建設から管理・運営まで、一括してデベロッパー等が行い、土地所有者は賃料を受け取る	第三者に定期借地権を設定して土地を賃貸し、その借地人が事業を行う。
所　有　権		土地・建物の名義は、形式的に信託銀行に移転するが、信託終了時に土地所有者に復帰	土地・建物は、土地所有者と建設会社等の共有	土地・建物とも土地所有者	土地は土地所有者建物は借地人
資　金　調　達		信託銀行が行う	土地の一部の譲渡により調達するため、実質的に不要	デベロッパー等の斡旋で提携金融機関から借入れ	借地人が行う
税金（個人の場合）	期間所得	不動産所得	不動産所得（減価償却費をほとんど控除できないので、所得は高額となる）	不動産所得	不動産所得
	譲渡所得	課税は生じない	課税は繰り延べされる（ただし、取得した建物を短期間で売却すると、高額の譲渡税が課される）	―	権利金（返還を要しない一時金）が時価の2分の1を超える場合、譲渡所得となる

【問題25】　不動産の有効活用の一般的な手法に関する下記の表のうち、すべての項目が最も適切なものは、次のうちどれか。なお、「本人」とは、土地の所有者（本問においては、土地の所有者の有効活用の場面に限定する）のこととする。また、所有名義は有効活用実施後のものである。

有効利用の方法	土地の所有名義	建物の所有名義	本人の資金負担
1. 等価交換方式	本人、デベロッパー	デベロッパー①	なし
2. 事業受託方式	本人	本人	あり
3. 土地信託方式	信託銀行等	本人②	あり③
4. 定期借地権方式	本人	本人④	なし

①不適切。等価交換方式において、建物の所有名義は「土地所有者とデベロッパー」の共有である。

②不適切。土地信託方式において、建物の所有名義は「信託銀行」である。

③不適切。土地信託方式では本人の資金負担は「なし」。

④不適切。定期借地権方式において、建物の所有名義は「借地人」である。

正解　2

【問題26】　所有する土地を有効活用する場合の手法等の一般的な特徴に関する次の記述のうち、最も不適切なものはどれか。

1. 土地所有者がその所有権を移転させることなく、契約の更新なく当初に取り決めた一定期間に限り、土地を貸し付けることで、比較的安定した収入を確保することができる事業方式を、定期借地権方式という。

2. 土地所有者が建設資金を負担することなく、不動産開発業者等が事業に必要な資金調達や業務を行うことにより、土地所有者の業務やリスクを軽減する事業方式を、事業受託方式という。①

3. 土地所有者が建設する建物を借り受ける予定のテナント等から貸与された保証金や建設協力金を建設資金の全部または一部に充当してビルや店舗等を建設する事業方式を、建設協力金方式という。

4. 土地所有者が土地を提供し、不動産開発業者等が建設資金を負担してマンション等を建設し、土地所有者と不動産開発業者等が土地と建物（それぞれの一部）を等価で交換する事業方式を、等価交換方式という。②

①不適切。事業受託方式では、借入れをするのは、土地所有者である。

②適切。この方式では、土地所有者が借入れをする必要はない。

正解　2

13. 不動産投資・不動産の証券化

出題傾向	●不動産の投資分析については専門的領域であり、難しいが、最近出題されている問題もあるので、基本的事項は押さえておきたい。

●不動産投資の手法●

現物不動産投資	・賃貸マンションやオフィスビルに直接投資する方法 ・投資額は多額になり、換金性は低い
小口化不動産投資	・複数の投資家が共有持分権を所有して運用を行う方法 ・投資額は現物不動産投資より少額で、換金性もある
証券化不動産投資	・不動産を担保とした証券に投資する方法 ・投資額は少額で済み、換金性が高い

●不動産の証券化の方法●

資 産 流 動 型	・特定資産（不動産や指名金銭債権などの一般財産権）を流動化するために証券化する仕組み ・特定目的会社（SPC）を創設し、SPCが有価証券（株式、社債等）を発行したり、銀行等からの借入れなどで資金調達する
資 産 運 用 型	・投資家から直接資金を集めて、それを元手に複数の不動産などに投資・運用していく仕組みで、契約型投資信託と会社型投資信託に分類できる ・会社型投資信託に含まれる**不動産投資信託**（J-REIT）が東京証券取引所に上場されている

●デュー・デリジェンス●

・デュー・デリジェンス（Due Diligence）とは、資産を証券化する際に、対象物件や証券発行条件を法的・物理的・経済的に適正評価すること

●不動産の投資分析●

DCF法 （割引キャッシュフロー法）	・投資期間の各年度の収支を現在価値に割り引いて投資価値を分析する方法 ①**正味現在価値法**（Net Present Value：NPV法）…投資期間における各年度の純収益と保有期間終了後の転売価格（復帰価格）を収益率で割り引いて現在価値を求め、その合計額から初期投資額を差し引いたものが正味現在価値となる。この数値が大きければ大きいほど投資価値が高いと判断される ②**内部収益率法**（Internal Rate of Return：IRR法）…投資期間における各年度の純収益と保有期間終了後の転売価格の現在価値の合計額と初期投資額が等しくなる割引率（＝内部収益率）を求める方法。この内部収益率が大きいものほど投資価値が高いと判断される。 (例)毎年末に1,000万円の収益が得られる投資用不動産を3年間保有して、15,000万円で売却する。この不動産の収益価格を、DCF法によって求める。 割引率5％の場合、年5％の複利現価率（下表）による。

	1年目	2年目	3年目
複利現価率	0.952	0.907	0.864

1,000万円×（0.952＋0.907＋0.864）＋（15,000×0.864）＝15,683万円

【問題27】 国内に上場している不動産投資信託（以下「J-REIT」
という）に関する次の記述のうち、最も不適切なものは
どれか。

1. J-REITの投資法人は、借入れによる資金調達が可能であり、
一般に、借入金を併せて出資総額以上の金額を投じて資産を購
入し運用している。
①
2. J-REITの投資法人は、配当可能利益の90％超を分配金と
して支払うことなどを要件として、分配金の額を損金に算入す
ることが認められている。
②
3. J-REITの投資法人は、投資家から投資口の買取請求があ
れば、原則として、純資産の出資持分割合相当額で投資口を買
い取らなければならない。
③
4. J-REITの投資口を個人が譲渡したことによる所得は、税
法上、上場株式等の譲渡所得等とされる。
④

①適切。

②適切。この90％超を配
当することが、要件であ
る。

③不適切。投資口は上場
されているため、時価で
取引される。

④適切。J-REITの
投資口の譲渡は、株式の
譲渡と同じように扱われ
る。

正解 3

【問題28】 不動産の投資判断の手法等に関する次の記述のうち、最
も不適切なものはどれか。

1. NPV法（正味現在価値法）は、収益の現在価値の合計から投
資額の現在価値の合計を差し引いて、投資の適否を判定する方
法である。
2. IRR法（内部収益率法）は、不動産投資の内部収益率と投資
家の期待する収益率（期待収益率）とを比較して、投資の適否
を判定する方法である。
3. レバレッジ効果とは、投資を行うに当たって投資利益率が借入
利子率よりも下回っている場合に、借入金の利用により自己資
金に対する投資利回りを上昇させる効果をいう。
①
4. DSCR（借入金償還余裕率）は、元利金返済前の年間キャッ
シュフロー（純収益）を借入金の年間元利返済額で除した比率
のことで、借入金返済の安全度を測る尺度として用いられる。

①不適切。投資利益率が
借入コストを上回ってい
る場合に、レバレッジ効
果が出る。

正解 3

F 相続・事業承継

1. 贈与税①

出題傾向	●贈与税からは2問程度の出題が予想される。 ●贈与税の基本的事項のほか、非課税財産に関する出題がある。

●贈与とは●

・贈与とは、当事者の一方が自己の財産を無償で相手方に与える意思を表示し、相手方がこれを受諾して成立する契約のこと
・贈与契約は、書面でも口頭でも有効だが、書面によらない場合は、履行されていない部分については各当事者が解除することができる（後日のトラブルを回避するためにも書面によることが望ましい）

●贈与税とは●

贈与税とは、**個人**から贈与により財産を取得した**個人**に課税される税金

贈与税の 計算方法 （歴年贈与）	1年間に贈与を受けた財産（下記①、②）の合計額 － **基礎控除110万円** **配偶者控除2,000万円** × 税率 － 速算控除額 ＝ 贈与税額　　　　　　10～55％の8段階の超過累進税率
①本来の 　贈与財産	現金、預貯金、有価証券、土地・建物など、金銭で見積もることのできる経済価値がある財産
②みなし 　贈与財産	以下のような、本来の贈与と同様の経済的利益を伴うとみなされるものについても、贈与税の対象となる ・生命保険の満期保険金等（契約者〈保険料負担者〉と受取人が異なる場合） ・低額譲渡（時価に比べて著しく低い価額で譲渡すること） ・債務免除や債務の肩代わりをしてもらったことによる利益　など
非課税財産	・**法人から個人への贈与**（贈与税はかからないが、一時所得または給与所得として所得税・住民税の対象となる） ・扶養義務者から必要の都度支払われる**生活費・教育費の贈与** ・相続開始の年に被相続人から贈与を受けた財産（贈与税はかからないが、相続税の対象となる。ただし、相続により財産を受けていない場合は、贈与税の対象）

●贈与税の申告・納付●

納税義務者	贈与を受けた個人が納税義務者となるが、贈与をした人も連帯納付の責任がある
申告期限	翌年**2月1日**～3月15日
納税方法	・金銭による一括納付が原則 ・一時に納付が困難な場合は、延納も可（物納の制度はない）

【問題1】 贈与等に関する次の記述のうち、不適切なものはどれか。

1. 贈与契約は、対価的関係に立つ債務を双方が負担し合う双務契約である。
   ①
2. 父から子への土地の所有者の名義変更が無償で行われた場合には、原則として、その土地が父から子へ贈与されたものとして、贈与税の課税対象となる。
   ②
3. 書面による贈与契約は、履行していない部分についても、解除することができない。
   ③
4. 保険契約者（＝保険料負担者）が夫、被保険者が妻、保険金受取人が子である生命保険契約において、子が受け取った死亡保険金は、原則として、贈与税の課税対象となる。
   ④

【問題2】 贈与税に関する次の記述のうち、最も不適切なものはどれか。なお、相続時精算課税制度については考慮しないものとする。

1. 個人が法人からの贈与により取得した財産は、贈与税の非課税財産である。
   ①
2. 扶養義務者から生活費という名目で受け取った金銭であっても、投資目的の株式購入に充てた場合には、その金銭は贈与税の課税対象となる。
   ②
3. 被相続人の遺族が、その被相続人に係る葬儀に際して受け取った香典は、社会通念上、相当と認められる範囲内のものであっても、贈与税の課税対象となる。
   ③
4. 個人の債務者が資力を喪失して債務を弁済することが不可能となり、その債務の免除を受けた場合は、弁済が困難とされた金額は贈与税の対象とならない。
   ④

2. 贈与税②

出題傾向	●贈与税の配偶者控除の他、住宅取得等資金や教育資金の非課税制度からの出題が予想される。

●注意すべき贈与●

定期贈与	「今後10年間毎年100万円ずつ贈与する」というように、定期的な給付を目的とする贈与のこと。多額の贈与税がかかることもある
負担付贈与	「借入金の残っている土地を借入金とともに贈与する」というような負担付の贈与。「贈与財産の価額－負担額」が贈与税の課税対象となる
離婚に伴う財産分与	・原則として**贈与税はかからない** ・分与した側には、譲渡所得として所得税・住民税がかかる場合もある
低額譲渡	・時価に比べて著しく低い価額で財産を譲渡すること ・その財産の時価（土地・家屋は通常の取引価額、それ以外は相続税評価額）と支払った対価の額との差額（低額部分）に贈与税がかかる
土地の使用貸借	・親の土地を無償で借りて子供が家を建てるような場合のこと ・**贈与税はかからない**。ただし、相続のとき、更地として評価されるので、普通に地代をとっている場合よりも相続税評価額は高くなる

●贈与税の配偶者控除●

内容	配偶者から**居住用不動産**またはその購入資金を贈与された場合、贈与税の課税価格から110万円の基礎控除とは別枠で、**2,000万円**を控除できる
要件	**婚姻期間が20年以上**であること。贈与税がゼロであっても**申告が必要**

●直系尊属から住宅取得等資金の贈与を受けた場合の非課税制度●

内容	直系尊属（親・祖父母等）から住宅購入資金を贈与された場合、贈与税の課税価格から相続時精算課税制度の2,500万円非課税枠や基礎控除110万円とは別枠で下記控除を受けることができる。（相続時精算課税制度との併用可） （注）2026年12月までの贈与の場合：一般住宅500万円、質の高い住宅1,000万円
要件	・贈与者：親・祖父母等の直系尊属（年齢要件はなし） ・受贈者：**18歳以上**で合計所得金額2,000万円以下 ・住宅用家屋の床面積が50㎡以上240㎡以下であること（合計所得金額が1,000万円以下の受贈者に限り、40㎡以上50㎡未満の住宅についても適用）

●教育資金の一括贈与に係る非課税制度●

内容	直系尊属から教育資金を贈与された場合、**1,500万円**（学校等以外の者に支払われたものは500万円が限度）までを非課税とする
要件と手続き	・贈与者：親・祖父母等の直系尊属、受贈者：**30歳未満**の子、孫等（注1） ・手続き：受贈者名義の金融機関の口座等に、教育資金を一括拠出 ・受贈者が30歳になったとき等に残額があれば原則として贈与税を課税（注2）

●結婚・子育て資金の一括贈与に係る非課税制度●

内容	直系尊属から結婚・子育て資金を贈与された場合、**1,000万円**（結婚費用は300万円）までを非課税とする
要件と手続き	・贈与者：親・祖父母等の直系尊属、受贈者：**18歳以上50歳未満**の子、孫等（注1） ・手続き：受贈者名義の金融機関の口座等に、結婚・子育て資金を一括拠出 ・受贈者が50歳になったとき等に残額があれば贈与税を課税（注2）

（注1）贈与の年の前年の合計所得金額が1,000万円以下であること
（注2）2023年4月1日以後に取得する信託受益権等については、特例税率ではなく一般税率を適用

【問題3】 贈与税の課税財産等に関する次の記述のうち、最も適切なものはどれか。

1．子が親の所有する土地を使用貸借契約で借り受けてその土地の上に自己資金で建物を建築した場合、子が親から借地権の贈与を受けたものとして、贈与税の課税対象となる。
①

2．子が父から著しく低い価額の対価で財産の譲渡を受けた場合、原則として、その財産の時価と支払った対価との差額は贈与税の課税対象となる。
②

3．離婚に際し、妻が夫から民法上の財産分与として金銭を受け取った場合、原則として、この金銭は贈与税の課税対象となる。
③

4．夫が保険契約者（＝保険料負担者）、妻が被保険者、子が保険金受取人である生命保険契約に基づき、妻の死亡により子が死亡保険金を取得した場合、その死亡保険金は贈与税ではなく相続税の課税対象となる。
④

①不適切。使用貸借の場合、土地を使用する権利の価額はゼロとして取り扱われるので、贈与税は課税されない。

②適切。

③不適切。離婚による財産分与は贈与税の課税対象にならない。

④不適切。贈与税の課税対象となる。

正解　2

【問題4】 贈与税に関する次の記述のうち、最も適切なものはどれか。

1．父から贈与を受けた子が同一年中に母からも贈与を受け、暦年課税を選択した場合、贈与税の課税価格から基礎控除として贈与者ごとにそれぞれ110万円を控除することができる。
①

2．配偶者から居住用不動産の贈与を受け、贈与税の配偶者控除の適用を受けた場合、贈与税の課税価格から基礎控除と合わせて最高2,110万円を控除することができる。
②

3．直系尊属から教育資金の一括贈与を受けた場合の贈与税の非課税の特例の適用を受けた場合、受贈者1人につき2,500万円までの金額に相当する部分の価額が非課税となる。
③

4．直系尊属から結婚・子育て資金の一括贈与を受けた場合の贈与税の非課税の特例の適用を受けた場合、受贈者1人につき1,500万円までの金額に相当する価額が非課税となる。
④

①不適切。基礎控除は、受贈者1人につき1年間110万円である。

②適切。基礎控除110万円＋配偶者控除2,000万円＝2,110万円

③不適切。受贈者1人につき1,500万円まで非課税。

④不適切。受贈者1人につき1,000万円まで非課税。

正解　2

3. 相続の概要①

出題傾向	●民法の相続規定を中心に2問程度の出題がされる。 ●相続放棄があった場合の民法と相続税法での取扱いの違いをしっかり理解しておく。

●相続人●

相続人とは、相続の開始によって、被相続人（亡くなった人）の財産を引き継ぐ人で、民法で相続人となる範囲と順位が定められている

相続人の範囲		相続人となる順位	留意点
配偶者		常に相続人になる	内縁関係の場合は相続権がない
血族	子	第1順位	・**胎児**にも、相続権が認められる ・子が先に死亡していた場合や欠格・廃除の場合、その子（被相続人の孫）が**代襲相続**する。孫も死亡していたら、その子（ひ孫）が代襲相続する **（注）相続放棄の場合は、代襲相続はできない** ・養子も実子と同様に取り扱われる。なお、養子は養親と実の親の相続権を有するが、特別養子（実の親との親子関係を完全に終了する養子）は、養親の相続権のみ有し、実の親の相続権はない
	直系尊属	第2順位	子がいない場合に相続人となれる
	兄弟姉妹	第3順位	・子も直系尊属もいない場合に相続人となれる ・代襲相続が認められるが、**一代限り**（被相続人の甥・姪まで）

●相続分●

相続人	相続分
配偶者と子	**配偶者　　1／2** **子　　　　1／2**（複数いる場合は均等に按分） （注）従来非嫡出子（結婚外で生まれた子で認知された子）の相続分は嫡出子の2分の1とされていたが、平成25年12月に民法が改正され、嫡出子の相続分と同等になった
配偶者と直系尊属	**配偶者　　2／3** **直系尊属　1／3**（複数いる場合は均等に按分）
配偶者と兄弟姉妹	**配偶者　　3／4** **兄弟姉妹　1／4**（複数いる場合は均等に按分） （注）父母の一方のみの兄弟姉妹（半血兄弟）は、父母の双方を同じくする兄弟姉妹の相続分の2分の1

●相続放棄があった場合の取扱い●

民法上の取扱い	はじめから相続人ではなかったものとみなされるため、相続分は存在しない
相続税法上の取扱い	**相続放棄した者も法定相続人の数に含んで相続税の総額を計算する**

【問題5】 下記の親族関係図における被相続人の相続に係る民法上の相続人と法定相続分として、正しいものはどれか。なお、子Aは相続の放棄をしている。

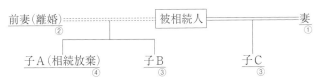

1. 妻1／4、 前妻1／4、 子A1／6、 子B1／6、 子C1／6
2. 妻1／2、 前妻1／6、 子B1／6、 子C1／6
3. 妻1／2、 子A1／6、 子B1／6、 子C1／6
4. 妻1／2、 子B1／4、 子C1／4

チェックポイント

①まず、子がいるので妻は1／2。

②前妻は権利なし、ゼロ。

③子Cと子Bの区別はない。つまり1／4ずつ。

④民法上は、放棄した者（子A）には、相続分は存在しない。この点が相続税法上と異なる。

正解　4

【問題6】 下記の親族関係図において、被相続人Aさんの相続における民法上の相続人および法定相続分として、正しいものはどれか。なお、被相続人AさんはBさんと離婚し、Cさんと再婚していた。また、子Eさんは被相続人Aさんの相続開始以前に死亡している。

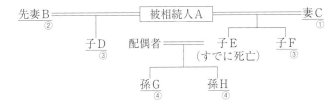

1. 妻C1／2、子F1／2
2. 妻C1／2、子F1／4、孫G1／8、孫H1／8
3. 妻C1／2、子D1／4、子F1／4
4. 妻C1／2、子D1／6、子F1／6、孫G1／12、孫H1／12

①まず、子がいるので妻は1／2。

②先妻は権利なし。

③子Dと子F・子Eの区別はない。1／2×1／3＝1／6ずつ。

④孫Gと孫Hは、子Eの相続分1／6を均等に代襲相続するので、1／12ずつ。

正解　4

【問題7】 民法上の相続人に関する次の記述のうち、最も適切なものはどれか。

1. 相続人になることができる養子の数は、被相続人に実子がいる場合には1人、実子がいない場合には2人までである。①
2. 配偶者、養子、特別養子の3人が相続人である場合、養子および特別養子の法定相続分は各4分の1となる。②
3. 養子は養子縁組により実の親との親族関係が消滅するため、養親の相続権しか有しないが、特別養子は養子縁組後も実の親との親族関係が存続するため、実の親・養親双方の相続権を有する。③
4. 養親より先に養子が死亡した場合で、その養子に養子縁組前に生まれている子がいるとき、その子は養親の孫に該当するので代襲相続人となる。④

①不適切。養子の数の制限は相続税の計算上で行われるが、民法上は養子は何人でもなれる。

②適切。養子、特別養子も実子と同じ相続分を持つので、子の相続分の1／2を2人で均等に按分する。したがって1／4。

③不適切。養子と特別養子の説明が逆である。

④不適切。養子縁組前に生まれている子は代襲相続人とならない。なお、養子縁組後に生まれた子は代襲相続人となる。

正解　2

4. 相続の概要②

重 要 度
★ ★ ★

出題傾向	●限定承認と相続放棄の仕方、各遺言の留意事項、遺留分の概要などについて理解をしておく。

●相続の承認と放棄●

形態	相続人の手続き	効果
単純承認	不要（限定承認・相続放棄をしなければ、単純承認したものとみなされる）	被相続人のすべての財産（積極財産、消極財産＝負債）を無条件で相続する
限定承認	相続開始を知った日から**3ヵ月以内**に家庭裁判所に申述する。**相続人全員**で申述する必要がある	被相続人の積極財産の範囲内で消極財産（負債）を引き継ぐ
相続放棄	相続開始を知った日から**3ヵ月以内**に家庭裁判所に申述する。**単独**でできる	被相続人の財産（積極財産・消極財産）を引き継がない

●遺贈・死因贈与●

個人の死亡後の財産の処分方法には、「相続」のほか「遺贈」と「死因贈与」がある

遺贈	・遺言によって財産を無償で供与すること ・放棄することもできる ・財産を受け取る人（受遺者）が被相続人より先に死亡していたときは、遺贈は無効になる（受遺者に対する代襲相続は生じない）
死因贈与	人の死亡によって効力が発生する贈与契約。贈与税ではなく、相続税の課税対象となる。相続税法上は遺贈と同じように取り扱われる

●遺言●※遺言は、満15歳以上であれば、行うことができる。法定代理人の同意も要らない

	作成方法	留意事項
自筆証書遺言	自分で遺言の全文・日付・氏名を書き、押印する。ワープロ、録音・録画は不可。ただし財産目録は自筆でなくても可	・家庭裁判所の**検認が必要** （2020年7月10日より、法務局での自筆証書遺言の保管制度を利用した場合、検認は不要） ・封印のある遺言書は家庭裁判所で開封する
公正証書遺言	2人以上の証人が立ち会い、本人が口述して、公証人が筆記する	**検認は不要**
秘密証書遺言	本人が遺言書に署名押印して封印→2人以上の証人が立ち会い公証人に提出→公証人が日付などを記載後、各自署名押印	家庭裁判所の**検認が必要** (注)検認とは、家庭裁判所が遺言書の形式・状態等を調査・確認する手続き

●遺留分●

概要	遺言によって財産をもらえなかったりする一定の相続人のために、相続財産のうち一定割合を保証するもの
遺留分権利者	配偶者、子、直系尊属（**兄弟姉妹には遺留分はない**）
遺留分の割合	財産全体の**1／2**（直系尊属のみが相続人の場合は1／3）
時効	・遺留分を請求する権利は、原則として相続の開始や遺贈があったことを知ったときから1年以内に行わないとき、あるいは相続開始後10年を経過したとき、時効により消滅する ・民法改正により「**遺留分侵害額請求権**」が制定され、2019年7月1日からは原則、侵害額に相当する金銭の支払いのみを請求できる

【問題8】 共同相続の場合における相続の承認と放棄に関する次の記述のうち、最も適切なものはどれか。

1. 限定承認をしようとする場合は、相続の開始があったことを知った時から原則として3ヵ月以内に、共同相続人全員が、家庭裁判所に対して、限定承認をする旨を申述しなければならない。
2. 単純承認をしようとする場合は、相続の開始があったことを知った時から原則として3ヵ月以内に、共同相続人全員が、家庭裁判所に対して、単純承認をする旨を申述しなければならない。
3. 相続の放棄をしようとする者が一人でもいる場合は、相続の開始があったことを知った時から原則として3ヵ月以内に、共同相続人全員が、家庭裁判所に対して、相続の放棄をする旨を申述しなければならない。
4. 相続の開始前に相続の放棄をしようとする場合は、推定相続人が単独で、家庭裁判所に対して、相続の放棄をする旨を申述することができる。

①適切。

②不適切。単純承認は、家裁への申述不要。

③不適切。放棄は、単独で申述できる。

④不適切。放棄は、相続の開始前はできない。

正解 1

【問題9】 遺言および遺留分に関する次の記述のうち、最も不適切なものはどれか。

1. 自筆証書遺言には、遺言書の紛失、偽造、変造、隠匿の危険があるといえる。
2. 公正証書遺言は、費用の負担があり、証人を必要とする等手続きも煩雑であるが、家庭裁判所の検認は必要としない。
3. 相続の開始後に遺留分の放棄をする場合、家庭裁判所の許可を得なければならない。
4. 遺留分侵害額請求権は、遺留分権利者が相続の開始および遺留分を侵害する贈与または遺贈があったことを知った時から1年間行使しないとき、または相続の開始の時から10年を経過した場合は、時効により消滅する。

①適切。

②適切。検認が必要なのは自筆証書遺言（法務局での保管制度を利用した場合を除く）と秘密証書遺言である。

③不適切。相続開始後の遺留分の放棄は自由である。なお、被相続人の生前に遺留分の放棄をする場合は、家庭裁判所の許可を得なければならない。

④適切。

正解 3

【問題10】 遺留分に関する次の記述のうち、最も適切なものはどれか。

1. 直系尊属のみが相続人である場合、遺留分の割合は、被相続人の財産の2分の1である。
2. 兄弟姉妹のみが相続人である場合、遺留分の割合は、被相続人の財産の4分の1である。
3. 相続開始前における遺留分の放棄は、家庭裁判所の許可を受けたときに限り、その効力を生ずる。
4. 遺留分侵害額請求権は、相続の開始および減殺すべき贈与または遺贈があったことを知った時から1年間行使しないとき、または相続の開始の時から5年を経過した場合には、時効により消滅する。

①不適切。遺留分の割合は3分の1である。

②不適切。兄弟姉妹に遺留分はない。

③適切。

④不適切。10年である。

正解 3

5. 遺産の分割

出題傾向	●協議分割を中心に遺産分割の方法から出題が予想される。 ●代償分割についても基本事項を理解しておきたい。

●遺産分割の方法●

指定分割	・被相続人の遺言によって財産の全部または一部について分割する方法 ・協議による分割、家庭裁判所の調停・審判による分割より優先される
協議分割	・共同相続人全員の協議によって分割する方法 ・**共同相続人全員の参加と同意が必要**で、一部の共同相続人を除外し、またはその意思を無視した協議は無効となる ・遺言が存在する場合でも、共同相続人全員の協議により遺言と異なる合意が成立したときには、協議分割が優先する
調停・審判による分割	・調停分割…協議が整わない場合に、家庭裁判所の調停により分割する方法。調停とは、調停委員会が紛争の当事者を仲介し、当事者双方の合意に基づいて紛争の解決を図る手続き ・審判分割…調停が不成立に終わった場合に、家庭裁判所の審判により分割する方法

(注)被相続人は、遺言で相続開始の時から5年を超えない期間であれば遺産の分割を禁止することができる

●遺産の配分方法●

現物分割	個別財産について、相続する数量、金額、割合を定めて分割する方法 （例）A土地は相続人甲に、B土地は乙に、定期預金は丙にという分割
換価分割	相続によって取得した財産の全部または一部を金銭に換価し、その換価代金を分割する方法
代償分割	・共同相続人のうち特定の者が被相続人の遺産を取得し、その代償として遺産を取得した者が自己の固有の財産を他の相続人に提供する方法 （例）遺産の主なものが自宅だけで分割が困難な場合、それを相続人甲が取得する代わりに、他の相続人には甲の財産を提供するという分割 ・代償分割の場合、実質的に相続によって取得したのと同様なので、贈与税の対象とはならず、**相続税の対象**となる ・代償財産として提供したものが、現金ではなく不動産のような場合には時価により譲渡したものとみなされ、譲渡所得税の課税対象となる

●遺産分割協議書●

・遺産分割が終わったら、後日の紛争防止のために遺産分割協議書を作成する
・財産の名義変更のためには、遺産分割協議書が必要
・遺産分割協議書は法令等で定められた形式はないが、相続人全員の署名（直筆サイン）または記名（ゴム印など）・捺印（印鑑登録済みの実印）が必要
・遺産分割協議書の作成期限は、特にない

【問題11】 遺産分割に関する次の記述のうち、最も不適切なものは
どれか。

1. 指定分割とは、被相続人の遺言による相続分の指定や分割方法
の指定に基づき分割する方法である。
①
2. 被相続人が遺言で遺産の一部についてのみ分割方法を指定して
いる場合、残りの部分について、共同相続人は、その協議によ
り、遺産の分割をすることができる。
②
3. 協議分割の場合、必ずしも法定相続分に従う必要はないが、相
続人の中の特定の者の取得分をゼロとすることはできない。
③
4. 遺産の分割について、共同相続人の間で協議が調わない場合、
各共同相続人は家庭裁判所に遺産分割の調停を申し立てること
ができる。
④

チェックポイント

①適切。指定とは、遺言
による指定である。

②適切。

③不適切。特定の者を除
外したり、その意思を無
視した協議は無効である
が、全員の協議の結果、
取得分がゼロとなる者が
生じることは否定されな
い。

④適切。

正解 **3**

【問題12】 遺産分割協議書に関する次の記述のうち、最も適切なも
のはどれか。

1. 遺産分割協議書は、法定の書式に従い、相続人全員が一堂に会
して作成しなければならない。
①
2. 遺産分割協議書に相続人全員が異議なく署名・捺印し遺産分割
協議が成立しても、その協議分割の内容に不服がある場合には、
相続人は家庭裁判所に分割の調停または審判を請求することが
できる。
②
3. 遺産分割協議書は、相続開始を知った日から3ヵ月以内に作成
しなければならない。
③
4. 遺産分割協議書を土地建物の相続登記に用いる場合は、その遺
産分割協議書には各相続人が実印で捺印し、かつ、印鑑証明書
が添付されていなければならない。
④

①不適切。原則はそうだ
が、相続人が遠方にいる
場合、ひとりの相続人が
作成した遺産分割協議書
に、他の相続人が順次署
名・捺印する方法でもか
まわない。

②不適切。相続人全員が
異議なく署名・捺印し遺
産分割協議が成立した場
合は、相続人は家庭裁判
所に分割の調停または審
判を請求できない。

③不適切。遺産分割協議
書の作成期限はない。た
だし、相続税の申告期限
は、相続の開始のあった
ことを知った日の翌日か
ら10ヵ月以内であるため、
その点は注意が必要。

④適切。なお、2024年4
月1日から、相続登記の
申請は義務となった。

正解 **4**

6. 相続税の計算①

出題傾向	●相続税の計算の流れを理解しておく。 ●配偶者の税額軽減の基本ポイントも押さえておきたい。

●相続税は、次の5つのステップで計算される●

Step1. 正味の遺産額（課税価格の合計額）を求める（注1）

相続・遺贈財産	＋	みなし相続財産	－	非課税財産	－	債務・葬式費用	＋	3～7年以内贈与財産等の加算（注2）	＝	課税価格の合計額

死亡保険金死亡退職金など	**500万円×法定相続人数** **（相続放棄者も含める）** ・その他、墓地・墓石など	香典費用、初七日費用、死後の墓地購入費用、遺言執行費用は含まない

対 象 者	相続・遺贈による財産取得者
加 算 金 額	**贈与時の評価額**
留 意 点	・贈与税の基礎控除額以下の贈与でも加算 ・**贈与税の配偶者控除**（2,000万円）や直系尊属から贈与を受けた住宅取得等資金、教育資金、結婚・子育て資金のうち非課税の適用を受けた金額は**加算不要**

（注1）相続時精算課税制度（P190）の適用を受けた財産は、課税価格に加算する
（注2）贈与財産等が加算される期間は2024年1月1日から順次延長され、2031年1月1日以後の相続からは、相続開始前7年以内の贈与財産を加算。なお、延長された4年間に受けた贈与については、合計100万円までは相続税の課税価格に加算しない。

Step2. 課税遺産総額を求める

課税価格の合計額	－	**基礎控除**	＝	課税遺産総額

3,000万円＋600万円×法定相続人数（注3、注4）
（注3）法定相続人には**相続放棄者も含める**
（注4）養子（普通養子）が複数いる場合、次の人数までしかカウントできない
（特別養子は実子と同じ取扱いなので、この養子の数の制限の対象外）
　　・実子がいる場合……1人　・実子がいない場合…2人

Step3. 相続税の総額を求める

＊各相続人が法定相続分どおりに相続したものとして税額を計算する

A： 課税遺産総額 × 法定相続分 × 税率 ＝ 税額 ─┐　　合　計
B： 課税遺産総額 × 法定相続分 × 税率 ＝ 税額 ─┘　**相続税の総額**
　　　　⋮　　　　　　⋮　　　　　⋮

10～55％の8段階の超過累進税率

（Step4以降はP186へ続く）

【問題13】 被相続人の死亡により相続人が受け取る退職手当金等、弔慰金、死亡保険金に係る相続税の取扱いに関する次の記述のうち、最も不適切なものはどれか。

1. 被相続人が業務上の事由により死亡した場合、相続人が被相続人の勤務先から受け取る<u>弔慰金</u>は、原則として、被相続人の死亡時の普通給与の<u>3年分</u>に相当する金額までは、相続税の課税対象とならない。①

2. 法定相続人4人のうち1人が相続を放棄した場合、退職手当金等に対する相続税の非課税限度額は、<u>1,500万円</u>である。②

3. 相続を放棄した者が死亡保険金を受け取った場合、死亡保険金の非課税金額の規定は適用されず、その<u>全額が相続税の課税対象</u>となる。③

4. 相続人である養子が死亡保険金を受け取った場合、死亡保険金の<u>非課税金額の規定が適用される</u>。④

①適切。弔慰金は、給与の36ヵ月分が非課税。業務外は6ヵ月。

②不適切。相続税法上は、放棄した者の分も、非課税の総枠にカウントしてよいので2,000万円。

③適切。上記②は総枠の話であり、放棄した者自身に対しては、非課税は適用されない。

④適切。養子も相続人として扱われる。

正解　2

【問題14】 下記は2024年4月に死亡したAさんの親族関係図である。この場合の相続税における遺産に係る基礎控除額として、正しいものはどれか。

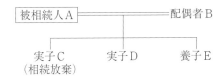

被相続人A━━━配偶者B

実子C（相続放棄）　実子D　養子E

1. 3,600万円
2. 4,200万円
3. 4,800万円
4. 5,400万円

※相続税法上は、放棄した者（子C）についても、基礎控除枠にカウントできる（民法上の扱いと異なる）。また、養子は実子がいる場合、1人までカウントできる。
3,000万円＋600万円×4人＝5,400万円

正解　4

【問題15】 相続税における債務控除の対象となる債務と葬式費用の範囲に関する次の記述のうち、最も不適切なものはどれか。なお、相続人については、日本国内に住所があるものとする。

1. <u>香典返戻費用</u>は、債務控除の対象にならない。①

2. 被相続人が納付すべき<u>住民税</u>で、相続開始時点においてその<u>未払い部分</u>の金額については債務控除の対象となる。②

3. 被相続人が生前に購入した<u>墓地の代金</u>で、その相続開始時点において未払いであったものは、相続開始の際に、現に存する債務で、かつ確実と認められるものであれば債務控除の対象となる。③

4. 弁護士に支払う<u>遺言執行費用</u>や司法書士に支払う<u>相続財産の登記手続き費用</u>は、債務控除の対象にならない。④

①適切。

②適切。

③不適切。被相続人が生前に購入した墓地は非課税財産となるので、その墓地の買入れ未払金は債務控除の対象とはならない。

④適切。

正解　3

7. 相続税の計算②

Step4. 各人の算出税額の計算

相続税の総額を実際に相続した取得割合に応じて按分する

A： | 相続税の総額 | × | 財産取得割合 | = | 算出税額 |

B： | 相続税の総額 | × | 財産取得割合 | = | 算出税額 |

$\qquad\qquad$ ⋮ $\qquad\qquad\qquad$ ⋮ $\qquad\qquad$ ⋮

Step5. 各人の納付税額

適用できる税額控除があれば、それを差し引いて納付税額を算出する
（2割加算の対象者は税額を加算する）

| 算出税額 | − | 税額控除 | = | 納付税額 |

＊税額控除

配偶者の税額軽減	・配偶者が相続した財産が**法定相続分相当額または1億6,000万円のいずれか大きいほうの金額以下**であれば、配偶者には相続税がかからない ・原則として、申告期限までに相続財産が分割されていないと、適用を受けられない。ただし、申告期限から3年以内に分割された場合は、税額軽減は適用される ・この税額軽減により税額がゼロになっても**申告は必要**
未成年者控除	・18歳※未満の法定相続人に適用 ・控除額＝**10万円** ×（18歳（※）－年齢） ※2022年3月31日以前は20歳
障害者控除	・法定相続人で、障害者の場合に適用 ・控除額＝**10万円**（特別障害者は**20万円**）×（85歳－年齢）
贈与税額控除	3年以内（※）贈与財産が加算された場合、贈与時に課税された贈与税を控除 ※2024年1月1日以降、加算される期間が順次延長され、2031年1月1日以降は7年
相次相続控除	10年以内に相続が重なった場合、前の相続税額に一定割合を掛けた額を控除
相続時精算課税控除	相続時精算課税の適用を受けた財産につき課せられた贈与税（※）は、相続税から控除する。なお、相続税から控除しきれなかった金額は還付される ※2024年1月1日以降、2,500万円までの非課税枠とは別に、毎年110万円までは課税されない

＊2割加算

相続・遺贈により財産を取得した者が、配偶者・1親等の血族（親・子。代襲相続人を含む）以外の場合（例えば、**兄弟姉妹**、代襲相続人に該当しない孫）、その人の算出税額の20％相当額が加算される。

（注）養子は原則2割加算の対象とならないが、**被相続人の養子となった孫は2割加算の対象となる**

【問題16】 相続税における「遺産に係る基礎控除」の計算に関する次の記述のうち、最も適切なものはどれか。

1. 相続人が相続の放棄をした場合、その放棄をした者については、「法定相続人の数」に算入しない。①

2. 相続人に被相続人の実子と複数の養子（特別養子ではない）がいる場合、「法定相続人の数」に算入する養子の数は１人となる。②

3. 代襲相続人であり、かつ、被相続人の養子となっている者については、実子２人分として「法定相続人の数」に算入する。③

4. 法定相続人が１人もいない場合、相続税額の計算上、遺産に係る基礎控除額は０（ゼロ）となる。④

①不適切。放棄した者も法定相続人の数に算入する。
②適切。
③不適切。被相続人の孫が、代襲相続人で、かつ被相続人の養子となっている場合、基礎控除を計算する際の法定相続人の数は１人としてカウントする。
④不適切。基礎控除額は3,000万円となる。

正解　2

【問題17】 下記の親族関係図において、被相続人Ａの死亡（2024年）により、妻Ｂ、子Ｃ、妹Ｄのいずれも相続または遺贈により財産を取得した。この場合における納付すべき相続税額に関する次の記述のうち、最も不適切なものはどれか。

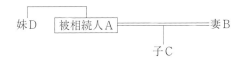

1. 妻Ｂの納付すべき相続税額の計算において、配偶者に対する相続税額の軽減の規定の適用を受けるためには、相続開始時にＡとの婚姻期間が20年以上である必要がある。①

2. 妻Ｂが、配偶者に対する相続税額の軽減の規定の適用を受けた場合、妻Ｂの相続税の課税価格が１億6,000万円以下であれば、妻Ｂに係る相続税の納付税額は算出されない。②

3. 子ＣがＡの相続開始前３年以内にＡから贈与を受けていた場合、子Ｃの納付すべき相続税額の計算においては、その贈与分として納税した贈与税額を控除することができる。③

4. 妹Ｄの納付すべき相続税額の計算においては、相続税額の２割加算の適用がある。④

①不適切。配偶者に対する相続税額軽減について、このような制限はない。贈与税の配偶者控除の場合は婚姻期間20年以上が必要。
②適切。
③適切。
④適切。兄弟姉妹は２割加算の対象。

正解　1

【問題18】 次の親族関係図において、Ａの死亡により、妻Ｂ、子Ｃの配偶者Ｄ、弟Ｅは、いずれも相続または遺贈により財産を取得し納付すべき相続税額が算出されている。この場合において、被相続人Ａの相続に係る相続税の２割加算の対象者として、正しいものはどれか。

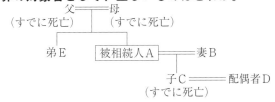

1. 対象者はいない。
2. 対象者は、子Ｃの配偶者Ｄ、弟Ｅの２人である。
3. 対象者は、子Ｃの配偶者Ｄのみである。
4. 対象者は、弟Ｅのみである。

２割加算の対象となるのは相続や遺贈によって財産を取得した者が被相続人の配偶者および一親等の血族（代襲相続人を含む）以外の場合である。したがって２．が正解。

正解　2

8. 相続税の申告・納付

出題傾向	●申告・納付関係では、納税義務者、課税財産の範囲、延納・物納などのポイントを覚えておくこと。 ●延納では贈与税との違いに注意する。

●納税義務者●

原則	相続または遺贈、死因贈与により財産を取得した個人
例外	人格のない社団（町内会、PTA等）や公益法人等に課税する場合がある

●申告●

申告義務 (申告書の提出が 必要な場合)	①納付税額のある場合、②**配偶者の税額軽減**の適用を受ける場合（税額がゼロでも）、③**小規模宅地等の減額特例**の適用を受ける場合（税額がゼロでも） (注)財産が未分割の場合は、法定相続分で分割したものとして申告する
申告期限	相続の開始のあったことを知った日の翌日から**10ヵ月以内** (注)被相続人にかかる所得税の**準確定申告は4ヵ月以内**

●納税●

原則		金銭での一括納付
延納	内容	原則は最長5年（特例として20年まで延長あり）の元金均等払い（利子税がかかる）で納税する方法
	要件	・金銭で一時に納付することが困難であること ・相続税額が**10万円**を超えること ・担保を提供すること（ただし、延納税額が**100万円以下**で、かつ延納期間が**3年以下**の場合は不要）
物納	内容	相続税を現物（相続した財産）で納税する方法 (注)収納価額は、**相続税評価額**（これを超える価額の財産も可）
	要件	・延納によっても金銭納付が困難な場合 ・その財産が物納できる財産 （不動産、船舶、国債証券、地方債証券、株式、動産 等） (注)質権・抵当権などの目的になっている財産や国外財産等は物納不可

●非課税財産●

①	皇室経済法の規定によって皇位とともに皇嗣が受けた物
②	墓地、霊廟、仏壇、仏具など ※庭内神しの敷地及び附属設備も含む
③	公益事業を行う者が、相続や遺贈によって取得した財産で、その公益事業の用に供することが確実なもの（公益事業用財産）
④	心身障害者扶養共済制度に基づく給付金の受給権
⑤	相続人が受け取った生命保険金などのうち、一定の金額
⑥	相続人が受け取った退職手当金などのうち、一定の金額
⑦	相続財産などを申告期限までに国などに寄附をした場合におけるその寄附財産
⑧	相続財産である金銭を申告期限までに特定公益信託に支出した場合におけるその金銭

【問題19】 わが国の相続税の納税義務者に関する次の記述のうち、最も不適切なものはどれか。

1. 相続税の納税義務者は、個人（自然人）に限られるため、<u>法人が個人とみなされて相続税の納税義務者となることはない。</u>
   ①

2. <u>被相続人からその生前に相続時精算課税制度の適用を受けて財産を贈与された個人</u> は、その被相続人から相続または遺贈により財産を取得していない場合でも、相続税の納税義務者となる。
   ②

3. <u>配偶者の税額軽減の特例や、小規模宅地等の減額特例の適用を受けて相続税額がゼロとなっても、相続税の申告は必要である。</u>
   ③

4. <u>相続税の申告は、相続の開始のあったことを知った日の翌日から10ヵ月以内に行わなくてはならない。</u>
   ④

①不適切。例外的に人格のない社団や公益法人等に相続税を課税することがある。

②適切。

③適切。

④適切。

正解	1

【問題20】 相続税の延納および物納に関する次の記述のうち、最も適切なものはどれか。

1. <u>延納の担保として提供できる財産は、相続財産に限らず、担保として不適格なものでなければ、相続人固有の財産でも認められる。</u>
   ①

2. <u>延納が認められる期間は、最長25年である。</u>
   ②

3. 被相続人から贈与を受けていた財産のうち、<u>相続時精算課税の適用を受けた財産も、物納に充てることができる。</u>
   ③

4. 「小規模宅地等についての相続税の課税価格の計算の特例」の<u>適用を受けた宅地を物納するときの収納価額は、この特例の適用前の価額である。</u>
   ④

①適切。

②不適切。最長20年。

③不適切。相続時精算課税の適用を受けた財産は、物納できない。

④不適切。物納の収納価額は、小規模宅地等の特例適用後の価額である。

正解	1

9. 相続時精算課税制度

出題傾向	●適用対象者、非課税枠といった制度概要を住宅取得の場合と比較して、押さえておきたい。

●相続時精算課税制度●

概要	高齢者の保有する資産を次世代に円滑に移転させるために、生前贈与をしやすくするとともに、贈与税・相続税を通じた納税をする制度
適用対象者	・贈与者：贈与した年の1月1日で**60歳以上**の親、祖父母 ・受贈者：贈与した年の1月1日で**18歳以上**[※]の子（推定相続人）、孫 ※2022年3月31日以前は20歳以上
適用手続き	最初の贈与を受けた年の翌年2月1日～3月15日に届出を行う
適用対象財産	贈与財産の種類、金額、**贈与回数**には制限を設けない
贈与税の計算	・非課税枠（特別控除）：**2,500万円**（一生涯、複数年にわたって利用可） ・非課税枠（基礎控除）：**年間110万円** ・税額計算：{（1年間の贈与額 － 年間110万円の基礎控除）の合計額 － 特別控除2,500万円} × **20%** **(注)相続時精算課税を選択した場合、歴年贈与の基礎控除（110万円）の適用はできなくなる**
相続税の計算	・本制度の適用を受けた贈与財産が**贈与時の価額**で相続財産に加算され、相続税が計算される。ただし、2024年1月1日以降に受けた贈与については、現行の歴年課税とは別途、年110万円までの部分については相続財産に加算しない ・本制度により納めた贈与税があれば、相続税から控除し、控除しきれない場合は還付される

●住宅取得等資金の贈与を受けた場合の相続時精算課税制度選択の特例●

概要	相続時精算課税制度については、一定の住宅の取得や増改築に限り、60歳未満の親等からの贈与についても適用される
適用対象者	・贈与者：親、祖父母 **（60歳未満でも可）** ・受贈者：贈与した年の1月1日で**18歳以上**[※]の子、孫 ※2022年3月31日以前は20歳以上
非課税枠	**2,500万円** (注)「直系尊属から住宅取得等資金の贈与を受けた場合の非課税制度」（P176参照）と併用可
適用期限	2026年12月31日までの間に贈与により取得した住宅取得資金に適用（上記の「相続時精算課税制度」自体は永久的措置）
その他	適用対象となる住宅用家屋は、①床面積が50㎡以上（※40㎡以上）、②新築、③中古住宅のうち、地震に対する安全上必要な構造方法に関する技術的基準またはこれに準ずるものに適合する一定の既存（中古）住宅（築年数に関係なく適用が受けられる）

（※）2021年1月1日以降の贈与により取得する住宅取得等資金に係る贈与税については40㎡以上。ただし、受贈者の合計所得金額が1,000万円以下であることが要件。

【問題21】 2024年1月以降の相続時精算課税制度に関する次の記述のうち、最も適切なものはどれか。なお、「特定の贈与者から住宅取得等資金の贈与を受けた場合の相続時精算課税の特例」は除くものとする。

1. 相続時精算課税制度の適用を受けるには、財産の贈与時点の贈与者の年齢が60歳以上、受贈者の年齢が18歳以上である必要がある。
    ①

2. 相続時精算課税制度を選択する受贈者は、その選択に係る最初の贈与を受けた年の翌年2月16日から3月15日までの間に、贈与税の申告書にその旨の届出書を添付して所轄税務署長に提出する必要がある。
    ②

3. 相続時精算課税制度を選択した場合の贈与税額は、贈与者ごとに、1年間に贈与により取得した財産価額の合計額から、基礎控除（原則110万円）を控除し、そこから特別控除額（累積で2,500万円）を控除した後の金額に、一律20％の税率を乗じて算出する。
    ③

4. 相続時精算課税制度を一度選択しても、選択後5年以内であれば、選択を撤回することができる。
    ④

【問題22】 相続時精算課税制度（住宅取得等資金の贈与に係る特例を除く）に関する次の記述のうち、最も不適切なものはどれか。

1. 相続時精算課税制度の適用を受けた場合、特別控除額までの受贈財産については、贈与税が課されず、特別控除額を超える部分については、一律25％の税率により贈与税が課される。
    ①

2. 相続時精算課税制度は、原則として、贈与を受けた年の1月1日において60歳以上の親・祖父母から18歳以上の子・孫への生前贈与について、その適用を受けることができる。
    ②

3. 相続時精算課税制度の適用を受けようとする受贈者は、贈与を受けた財産に係る贈与税の申告書に相続時精算課税選択届出書を添付して、その最初の贈与を受けた年分の贈与税の申告期限までに提出しなければならない。
    ③

4. 相続時精算課税制度の特別控除額は、2,500万円である。
    ④

10. 財産評価①

重 要 度
★ ★ ★

出題傾向	●財産評価からは、1〜2問の出題が予想される。 ●土地の評価を中心に出題されるため、路線価方式による評価方法や、貸家建付地など各種の計算式を覚える。

●主な財産評価●

宅地	評価の単位	利用の単位となっている**1画地ごと**に評価する（1筆ごとではない）
	評価方法	・**路線価方式**（市街地にある宅地の評価方法）…宅地が接面する道路につけられた価額を基に、奥行きの長短などの形状等による調整をして評価する方法 ・**倍率方式**（市街地以外の地域にある宅地の評価方法）…固定資産税評価額に地域ごとに定められた倍率を掛けて評価する方法
	その他	・私道…不特定多数の者が通行する私道は評価額ゼロ。特定の者が通行する私道は自用地評価額の30% ・セットバックを必要とする宅地は、セットバックの対象となる部分に対応する価額の70%相当額を減額する
貸家建付地		自分の土地にアパート等の貸家を建てている場合の敷地の評価 **自用地評価額×（1−借地権割合×借家権割合×賃貸割合）**
貸宅地（底地）		借地権の設定されている土地の評価 **自用地評価額×（1−借地権割合）**
借地権		**自用地評価額×借地権割合**
貸家建付借地権		借地権者が、その目的となっている宅地の上に貸家を建てた場合の借地権の評価 　自用地評価額×借地権割合×（1−借家権割合×賃貸割合） 　　　（借地権価額）
家屋		固定資産税評価額×倍率（1倍）
貸家		固定資産税評価額×（1−借家権割合×賃貸割合）

●路線価方式による評価方法の例●

算式：路線価×奥行価格補正率等×地積＝自用地評価額

〈例〉①1つの道路に接する宅地

　　　路線価×奥行価格補正率×地積＝自用地評価額

　　②正面と側方の道路に接する宅地（角地、準角地）

　　　a：正面路線価×奥行価格補正率

　　　b：側方路線価×奥行価格補正率×側方路線影響加算率

　　　c：（ a ＋ b ）×地積＝自用地評価額

　　（注）正面路線価とは、原則として、路線価に奥行価格補正率を乗じて求めた1㎡当たりの価額の高い方の路線価をいう

【問題23】 相続税における宅地の評価に関する次の記述のうち、最も不適切なものはどれか。

1．路線価は、宅地の価額がおおむね同一と認められる一連の宅地が面している路線ごとに定められている。
①

2．路線価は、国税局長が毎年1月1日を評価時点として定めている。
②

3．倍率方式とは、宅地の固定資産税評価額に国税局長が一定の地域ごとに定めた倍率を乗じて計算した金額によって宅地の価額を評価する方式をいう。
③

4．宅地の価額は、利用の単位となっている一画地ごとではなく、登記上の一筆ごとの単位で評価する規定になっている。
④

【問題24】 不動産の相続税評価額に関する次の記述の空欄（ア）〜（ウ）にあてはまる語句の組み合わせとして、最も適切なものはどれか。

自己が所有する更地（宅地）に賃貸マンションを建築して賃貸の用に供した場合、建物は貸家として、「（ア）×（1－借家権割合×賃貸割合)」によって算出した価額により評価される。
①

また、宅地は（イ）として評価され、更地で所有しているときと比べて相続税評価額を引き下げることができる。
②

例えば、自己が所有する更地（宅地）に賃貸マンションを建築し、借地権割合が60％、借家権割合が30％、賃貸割合が100％とすると、宅地は更地で所有しているときよりも相続税評価額が（ウ）減額されることになる。
③

1．（ア）固定資産税評価額 （イ）貸家建付地 （ウ）18％
2．（ア）建築費　　　　　 （イ）貸宅地　　 （ウ）18％
3．（ア）建築費　　　　　 （イ）貸家建付地 （ウ）60％
4．（ア）固定資産税評価額 （イ）貸宅地　　 （ウ）60％

11. 財産評価②

出題傾向	●小規模宅地等の特例について出題される可能性がある。実技でも出題されるため、計算方法も覚えておきたい。

●主な財産評価●

上場株式	次の**4つのうち最も低い価額** （イ）課税時期の終値 （ロ）その月の毎日の終値の平均額 （ハ）前月の毎日の終値の平均額 （ニ）前々月の毎日の終値の平均額
預貯金	・定期性預貯金：預入残高＋既経過利子－源泉徴収税額 ・流動性預貯金：預入残高

●小規模宅地等の特例●

宅地について、一定面積までの部分は、通常評価額から一定割合を減額する特例

宅地の種類		適用対象面積	減額割合
事業用宅地	**特定事業用宅地等** 一定の親族が被相続人の事業を引き継ぐ場合など **特定同族会社事業用宅地等** 同族会社の事業の用に供されていた宅地を一定の親族が取得する場合	400㎡	80%
	貸付事業用宅地等 アパート、賃貸マンションなど	200㎡	50%
居住用宅地	**特定居住用宅地等** ・配偶者が取得する場合 ・同居親族が取得し引き続き居住する場合など 〈計算例〉居住用の宅地400㎡、相続税評価額1億円の土地を配偶者が取得したとき $1億円 － 1億円 \times \dfrac{330㎡}{400㎡} \times 80\% = 3,400万円$ 　　　　　　（330㎡までの軽減額）　　　　（減額後の評価額）	330㎡	80%

（注1）青空駐車場や資材置き場など宅地上に建物がないものは対象外

（注2）この特例は、申告期限までに遺産分割が完了している場合に適用がある。ただし、3年以内に分割された場合は適用を受けることができる

（注3）相続により取得した宅地に特定事業用宅地等と特定居住用宅地等がある場合、それぞれの適用対象面積まで特例を受けることができるが、貸付事業用宅地等を含む2以上の種類の宅地等について特例の適用を受ける場合には、地積の限度は次のように調整計算する。

　　　特定事業用宅地等の適用地積×200／400＋特定居住用宅地等の適用地積×200／330
　　　＋貸付事業用宅地等の適用地積≦200㎡

【問題25】　20XX年9月14日（月）に死亡した被相続人甲が保有し
ていたA上場株式の、1株当たりの相続税評価額として、
正しいものはどれか。

〈A上場株式〉

終値等の区分（すべて平成×年中）	1株当たりの価額	
7月中の毎日の終値の月平均額	442円	④
8月中の毎日の終値の月平均額	420円	③
9月中の毎日の終値の月平均額	432円	②
9月11日（金）の終値	421円	
9月14日（月）の終値	422円	①
9月15日（火）の終値	418円	

※権利落ち等は考慮しないものとする。

1．421円（9月11日の終値）

2．432円（9月中の毎日の終値の月平均額）

3．420円（8月中の毎日の終値の月平均額）

4．422円（9月14日の終値）

【問題26】　**小規模宅地等についての相続税の課税価格の計算の特例
（以下「本特例」という）において、本特例の適用を受
けることによって減額できる宅地面積および減額割合に
関する次の記述のうち、最も不適切なものはどれか。**

1．特定事業用宅地等に該当する宅地等について本特例の適用を受
ける場合は、400㎡を限度として80％相当額が減額できる。
　　　　　　　　　　　　　　　　　　　　　　①

2．特定居住用宅地等に該当する宅地等について本特例の適用を受
ける場合は、200㎡を限度として80％相当額が減額できる。
　　　　　　　　　　　　　　②

3．特定同族会社事業用宅地等に該当する宅地等について本特例の
適用を受ける場合は、400㎡を限度として80％相当額が減額で
きる。
　③

4．貸付事業用宅地等に該当する宅地等について本特例の適用を受
ける場合は、200㎡を限度として50％相当額が減額できる。
　　　　　　　　　　　　　　　　　　　　　④

12. 相続・贈与対策

出題傾向	●相続対策の基本的事項について出題されることがある。 ●生命保険を活用した相続対策は、「リスク管理」の分野でも出題されることがある。

●歴年贈与による生前贈与の留意点●

基本的な 考え方	・贈与する期間は長い方が、贈与する相手は多い方が、税負担は少ない ・孫への贈与を検討する（相続税の課税を1回パスすることができる） ・将来値上がりの可能性があるものから贈与する――など
留意点	・口頭による贈与も有効だが、証拠を残すためにも贈与契約書を作成する ・基礎控除（110万円）を超える贈与を行い、贈与税の申告・納付を行うことは、贈与の事実を立証する有効な手段 ・贈与時期、贈与金額を毎年同じにすると、定期贈与とみなされ、一括して贈与税が課税されるおそれもあるので注意する ・贈与した財産の管理は、贈与された者が行う

●相続時精算課税制度・贈与税の非課税制度の活用●

	適用対象者	非課税枠・控除額	参照頁
相続時精算課税制度	贈与者：60歳以上の親、祖父母 受贈者：18歳以上の子、孫	2,500万円	P190
住宅取得等資金の 贈与を受けた場合の 相続時精算課税選択の特例	贈与者：親、祖父母（年齢要件なし） 受贈者：18歳以上の子、孫	2,500万円	P190
直系尊属から住宅取得等 資金の贈与を受けた場合の 非課税制度	贈与者：直系尊属（親、祖父母等） 受贈者：18歳以上で合計所得金額 　　　　2,000万円以下の子、孫等	500万円 （省エネ等住宅 は1,000万円）	P176
教育資金の一括贈与に係る 非課税制度	贈与者：直系尊属（親、祖父母等） 受贈者：原則30歳未満の子、孫等	1,500万円	P176
結婚・子育て資金の 一括贈与に係る非課税制度	贈与者：直系尊属（親、祖父母等） 受贈者：18歳以上50歳未満の子、孫等	1,000万円	P176

●生命保険の活用●

生命保険の 非課税枠の活用	契約者（保険料負担者）・被保険者＝被相続人、受取人＝相続人の場合、死亡保険金には非課税枠（500万円×法定相続人数)があるので、納税資金対策として活用できる
保険料相当額の 金銭の贈与	父が子に保険料相当額の金銭の贈与を行い、子が生命保険に加入（契約者・受取人＝子、被保険者＝父）した場合、子が受け取る保険金は一時所得となるが、相続税よりも税負担が軽くなる場合もある

●オーナー経営者の相続対策●

役員死亡退職金	契約者（会社）・被保険者（オーナー）・受取人（会社）とする死亡保険金を会社が受け取ったうえで、遺族へ死亡退職金として支払う
ポイント	①不相当に高額でなければ、法人は損金として計上できる ②会社の株式の評価額を下げられる ③遺族から、自社株式を会社が買い取るための原資とできる

196

【問題27】 法人が支給する役員の退職金および弔慰金等に関する次の記述のうち、最も適切なものはどれか。

1. 在任中の功績が多大な役員に対して支給される退職慰労金については、損金経理が適正に行われるのであれば、法人税の金額の計算上、金額の多寡にかかわらず、全額を損金に算入することができる。
   ①
2. 相続財産とみなされる退職手当金は、その役員の死亡後3年以内に実際にその役員の相続人に対して支給されたものに限られる。
   ②
3. 役員の死亡により、その役員の相続人が支給を受けた退職手当金については、相続税の金額の計算上、「300万円×法定相続人の数」までの金額が非課税とされる。
   ③
4. 役員の死亡によりその役員の相続人が受ける弔慰金等（実質上退職手当金等に該当すると認められる部分を除く）について、役員の死亡が業務上の死亡である場合、役員の死亡当時における賞与以外の普通給与の3年分に相当する金額を超える部分に相当する金額は、相続税の課税対象となる。
   ④

①不適切。適正額の範囲内でのみ、損金算入が認められる。

②不適切。3年以内に支給が確定したものであり、3年以内に支給されたものに限られない。

③不適切。「500万円×法定相続人の数」である。

④適切。

正解	4

【問題28】 相続対策における生命保険の活用に関する次の記述のうち、最も適切なものはどれか。

1. 被相続人が保険料を負担し、相続開始時においてまだ保険事故が発生していない生命保険契約に係る権利の価額は、原則として相続開始時における解約返戻金の額により評価する。
   ①
2. 保険契約者（保険料負担者）および保険金受取人である相続人が、被保険者である被相続人の死亡により取得した生命保険金は、みなし相続財産として、相続税の課税対象となる。
   ②
3. みなし相続財産として相続税の課税対象となる生命保険金を相続の放棄をした者が取得した場合、その取得した生命保険金について、相続税における非課税金額の規定が適用される。
   ③
4. 不動産のように分割の難しい財産が多い場合の相続対策として、保険契約者（保険料負担者）および被保険者を被相続人、保険金受取人を相続人とする生命保険に加入することは、遺族の相続税納税資金対策としては有効であるが、遺産分割対策としては有効ではない。
   ④

①適切。

②不適切。一時所得として、所得税の課税対象となる。

③不適切。放棄をした者も、非課税限度額の人数にはカウントされるが、放棄をした者自身は、非課税の取扱いは受けない。

④不適切。遺産分割対策としても有効。例えば、相続財産の多くが分割が難しいものの場合、その財産を子Aに相続させる代わりに、被相続人が子Aを受取人とした生命保険に加入し、子Aは受け取った死亡保険金を代償交付金として子Bに渡す方法で、円満な遺産分割を行うことができる。

正解	1

13. 自社株評価

重 要 度
★ ★

出題傾向	●自社株評価や事業承継対策から１問程度出題される。 ●専門的な分野であるため、最低限の基本的事項を覚えておこう。

●自社株（取引相場のない株式）の評価の流れと評価方法●

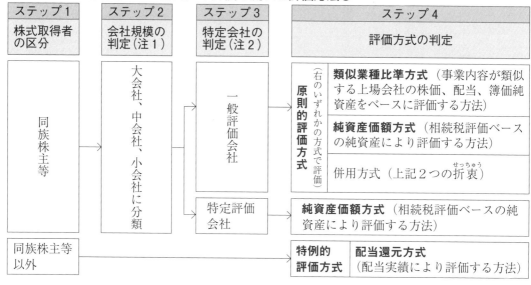

ステップ１	ステップ２	ステップ３	ステップ４
株式取得者の区分	会社規模の判定（注１）	特定会社の判定（注２）	評価方式の判定

同族株主等 → 大会社、中会社、小会社に分類

一般評価会社 → 原則的評価方式（右のいずれかの方式で評価）
- **類似業種比準方式**（事業内容が類似する上場会社の株価、配当、簿価純資産をベースに評価する方法）
- **純資産価額方式**（相続税評価ベースの純資産により評価する方法）
- 併用方式（上記２つの折衷）

特定評価会社 → **純資産価額方式**（相続税評価ベースの純資産により評価する方法）

同族株主等以外 → 特例的評価方式 **配当還元方式**（配当実績により評価する方法）

（注１）会社規模は従業員数、総資産価格、取引金額により判定するが、従業員70人以上の会社は必ず「大会社」となる

（注２）特定評価会社とは、会社の総資産中、土地または株式を一定割合以上保有している会社

●会社規模区分等と評価方式●

同族株主等	大会社		類似業種比準価額（純資産価額も可）
	中会社	大	類似業種比準価額×0.90＋純資産価額×0.10（純資産価額も可）
		中	類似業種比準価額×0.75＋純資産価額×0.25（純資産価額も可）
		小	類似業種比準価額×0.60＋純資産価額×0.40（純資産価額も可）
	小会社		純資産価額（類似業種比準価額×0.50＋純資産価額×0.50も可）
同族株主等以外			配当還元価額 ＝ $\dfrac{年配当金額}{10\%} \times \dfrac{1株当たりの資本金等の額}{50円}$ （注）年配当金額が２円50銭未満または無配当の場合は、年配当金額を２円50銭として計算するため、**配当還元価額がゼロになることはない**

中会社は併用方式

●特定会社等の評価方法●

次の会社は、原則として「**純資産価額**」で評価する

土地保有特定会社、株式保有特定会社、開業後３年未満の会社、休業中の会社など

【問題29】　自社株（非上場株式）を同族株主等が相続または遺贈により取得した場合の株式の評価に関する次の記述のうち、最も適切なものはどれか。なお、選択肢1から3において、評価会社は、いずれも特定の評価会社ではないものとする。

1．規模区分が<u>大会社</u>と判定された評価会社の株式を取得した場合、当該株式の価額は、<u>原則として、類似業種比準方式</u>により評価する。
　　　　　　　　　　　　　　　　　　　①

2．規模区分が<u>中会社</u>と判定された評価会社の株式を取得した場合、当該株式の価額は、<u>原則として、類似業種比準方式と配当還元方式の併用方式</u>により評価する。
　　　　　②

3．規模区分が<u>小会社</u>と判定された評価会社の株式を取得した場合、当該株式の価額は、<u>原則として、配当還元方式</u>により評価する。
　　　　　　　③

4．<u>土地保有特定会社または株式保有特定会社</u>に該当する評価会社の株式を取得した場合、当該株式の価額は、原則として、<u>類似業種比準方式と純資産価額方式の併用方式</u>により評価する。
　　　　　　　　　　　　　④

①適切。

②不適切。中会社は、原則として類似業種比準方式と純資産価額方式の併用方式。

③不適切。小会社は、原則として純資産価額方式。

④不適切。土地保有特定会社・株式保有特定会社は、原則として純資産価額方式。

正解	1

【問題30】　取引相場のない株式（自社株）の評価方法等に関する次の記述のうち、不適切なものはどれか。

1．<u>従業員数が70人未満の会社</u>の場合、会社規模区分は、業種、従業員数および直前期末における総資産価額、直前期末以前1年間における取引金額により判定する。
　　　　　①

2．純資産価額方式による株式の価額を計算する場合において、評価会社が所有する資産の中に、<u>課税時期前3年以内に取得した土地、建物等があるときは、その土地・建物等の価額は通常の取引価額に相当する金額により評価する。</u>
　　　　　　　　　　　　　　　　　②

3．類似業種比準価額を計算する場合の類似業種の「株価」および「1株当たりの配当金額」「1株当たりの利益金額」「1株当たりの純資産価額」は、<u>金融庁から発表される</u>。
　　　　　　　　　　　　　　③

4．同族株主以外の株主が取得した株式の価額は、原則として配当還元価額によって評価するが、<u>その配当還元価額が原則的評価方式によって計算した価額を超えるときには、原則的評価方式によって計算した価額とすることができる。</u>
　　　　　　　　　　　　　　　　　　④

①適切。従業員数が70人以上の会社は「大会社」に区分される。

②適切。相続税評価額での評価は行わない。

③不適切。国税庁から発表される。

④適切。

正解	3

14. 自社株対策

出題傾向	●専門的分野ではあるが、基本的対策は覚えておきたい。 ●事業承継のための非上場株式の納税猶予の改正も行われている。

●自社株対策の基本●

自社株評価の引下げ策	(1)類似業種比準価額の引下げ策 　①１株当たり配当金額の引下げ→記念配当・特別配当の利用（注１） 　②１株当たり利益、１株当たり純資産の引下げ 　　→役員退職金の支払い（注２）、高収益部門の分離など 　③類似業種平均株価の低い業種への転換 (2)純資産価額の引下げ策 　（不動産の取得、役員退職金の支払い、配当の支払いなど） (3)会社規模区分の変更（従業員増などにより大会社へ移行） 　（注１）１株当たりの配当の算出には、非継続的な配当は含まれないため 　（注２）役員退職金の支給は、引退しなくても「常勤役員が非常勤役員になった場合」 　　　　「取締役が監査役になった場合「分掌変更により報酬が概ね50％以上減った場合」に認められる
自社株の移転策	(1)事業承継者への自社株の贈与 (2)事業承継者への自社株の譲渡（非上場株式の譲渡益については、20.315％〈所得税・復興特別所得税15.315％、住民税５％〉の申告分離課税扱いとなる） (3)従業員持株会の設立と自社株の譲渡

●非上場株式の納税猶予●

一定の要件を満たす後継者が先代経営者から、贈与または相続・遺贈により非上場株式を取得した場合、それに対応する**贈与税**または**相続税の全額**について、その後継者の死亡の日等まで**納税を猶予**する

〈事業承継税制の特例（相続税・贈与税の納税猶予の特例）の比較〉

	特例適用時期以外	特例適用時期（2027年まで）
納税猶予対象株式数	発行済み議決権株式数の２／３まで	取得したすべての株式
雇用確保要件	雇用者数を事業承継後５年平均で８割を維持	撤廃（雇用５年平均を下回った場合でもこの要件を満たせない理由を書類で都道府県に提出すれば納税猶予を継続可能）
先代経営者の要件	代表者である（であった）先代経営者１人からの株式承継	複数人（代表者以外にも含む）からの特例後継者への株式承継も可能
後継者の要件	代表を有している（有する見込み）後継者１人への株式承継	代表権を有する複数人（最大３人）への株式承継も可能
贈与税の納税猶予額	納税猶予対象株式に係る贈与税全額	同左
相続税の納付猶予額	納税猶予対象株式に係る相続税の80％	納税猶予対象株式に係る相続税全額

平成31年度税制改正により個人事業者の事業用資産の納税猶予制度が創設された。認定相続人（承継計画に記載された後継者）が、2018年１月１日から2027年12月31日までの間に、相続等により特定事業用資産（一定の土地・建物等）を取得し、事業を継続していく場合には、担保の提供を条件に、その認定相続人が納付すべき相続税額のうち相続等により取得した特定事業用資産の課税価格に対応する相続税の納税を猶予できる。なお、事業承継税制（特例）の適用を受けるためには、2018年４月１日から2026年３月31日までに特例承継計画を都道府県庁に提出し、確認を受けた者に限る。

【問題31】 取引相場のない株式の相続税評価額の引下げ策に関する次の記述のうち、最も適切なものはどれか。

1. 自社の株式の相続税評価額については類似業種比準価額より純資産価額の方が低いので、会社規模を引き上げるため、子会社を合併することにした。
   ①

2. 前々期の1株当たりの配当金額は10円、前期の1株当たりの配当金額は20円（うち10円は創業30年記念配当）であるので、株式の類似業種比準価額を引き下げるため、今期の1株当たりの配当金額を10円とした。
   ②

3. 2年以内に後継者への株式の贈与を予定しているので、株式の純資産価額を引き下げるため、倉庫建設用地を取得した。
   ③

4. 株式の類似業種比準価額および純資産価額の両方を引き下げるため、創業社長が引退し、税法上適正とされる限度額の役員退職金を支給した。
   ④

正解	4

【問題32】 毎期利益を計上している同族会社が行う次の諸施策のうち、1株当たりの利益金額の減少を通じて自社株式の類似業種比準価額を引き下げる効果が見込めるものとして、最も不適切なものはどれか。

1. 役員退職金の支払い
   ①
2. 不良債権の処理による償却費の損金計上
   ②
3. 高収益部門の分社化
   ③
4. 普通配当金の増額
   ④

正解	4

MEMO

書籍の正誤についてのお問い合わせ

　内容について、万一誤りと思われる箇所がありましたら、以下の方法でご確認いただきますよう、お願い申し上げます。

　なお、正誤のお問い合わせ以外の内容に関する解説・受検指導等は行っていません。そのようなお問い合わせにつきましては、お答え致しかねますので、ご了承ください。

❶ 正誤表の確認方法

　当社ホームページのトップページから「正誤表」コーナーにアクセスいただき、正誤表をご確認ください。

https://www.kindai-sales.co.jp/

❷ 正誤のお問い合わせ方法

　正誤表がない場合、あるいは正誤表があっても疑問の箇所が掲載されていない場合は、書名、発行年月日、お客様のお名前、ご連絡先を明記の上、下記のいずれかの方法でお問い合わせください。

　なお、回答までに時間を要する場合もございますので、あらかじめご了承ください。

文書でのお問い合わせ	郵送先：〒165-0026　東京都中野区新井2-10-11 ヤシマ1804ビル4階 （株）近代セールス社 出版企画室 正誤問い合わせ係
FAXでのお問い合わせ	FAX番号：**03－6866－7593**
e-mailでのお問い合わせ	アドレス：book-k@kindai-sales.co.jp

＊お電話でのお問い合わせは、お受けできませんので、ご了承ください。

執筆協力者
（50音順、敬称略）

置鮎　謙治

佐藤　正明

田中　卓也

深澤　　泉

目黒　政明

望月　厚子

八ツ井慶子

2024年度版
FP技能検定2級試験対策
マル秘ノート〈学科〉
～試験の達人がまとめた88項

2024年6月20日　初版

編　者——FP技能検定対策研究会
発行者——楠　真一郎
発　行——株式会社　近代セールス社
〒165-0026 東京都中野区新井2-10-11 ヤシマ1804ビル4階
　　　　電　話 (03)6866-7586
　　　　F A X (03)6866-7596
　　　　https://www.kindai-sales.co.jp
印刷・製本—株式会社　アド・ティーエフ

★覚えておきたい数値一覧★

●金　額●

38万円	・配偶者控除（納税者本人の所得が900万円以下の場合） ・扶養控除（16歳以上19歳未満、23歳以上70歳未満）など
48万円	所得税の基礎控除（合計所得2,400万円以下の場合）
48万円以下	配偶者控除、扶養控除の合計所得金額要件
50万円	一時所得の特別控除など
50万円超	年金と総報酬月額相当額の合計額が50万円を超えると、年金額の一部または全部が支給停止となる（在職老齢年金）
63万円	所得税の特定扶養親族（19歳以上23歳未満）の扶養控除
81万6,000円	老齢基礎年金の年金額（1956年4月2日以降生まれの人の2024年度の満額）。1956年4月1日以前生まれの人は81万3,700円
110万円	贈与税の基礎控除
240万円・120万円	新NISAの年間の非課税投資枠（成長投資枠240万円・つみたて投資枠120万円）
1,000万円	・大口定期預金の最低預入額 ・所得税の配偶者控除、配偶者特別控除は、納税者本人の合計所得額が1,000万円を超えると適用を受けることができない ・直系尊属から結婚・子育て資金の一括贈与を受けた場合の贈与税の非課税限度額
1,500万円	直系尊属から教育資金の一括贈与を受けた場合の贈与税の非課税限度額
1,800万円	新NISAの非課税保有限度額(生涯投資枠)。内枠で成長投資枠の限度額は1,200万円
2,000万円	・贈与税の配偶者控除 ・給与所得者が2,000万円を超える場合、確定申告が必要
2,500万円	相続時精算課税制度における贈与税の非課税枠（特別控除）
3,000万円	居住用財産を譲渡したときの特別控除

●幅・面積●

2m以上	建物を建築する敷地は、建築基準法上の道路に2m以上接していなければならない
4m以上	建築基準法上の道路は、原則幅員4m以上の道路
12m未満	道路幅員による容積率制限 $\begin{cases} 住居系＝前面道路幅員 \times 4／10 \\ 商業・工業系＝前面道路幅員 \times 6／10 \end{cases}$
50㎡以上 （40㎡以上）	住宅借入金等特別控除を受けるための床面積要件。合計所得金額が1,000万円以下の者に限り、40㎡以上50㎡未満も対象となる。
200㎡	小規模宅地等の減額特例の対象面積（貸付事業用宅地の場合）。減額割合は50％
330㎡	小規模宅地等の減額特例の対象面積（特定居住用宅地の場合）。減額割合は80％
400㎡	小規模宅地等の減額特例の対象面積（特定事業用宅地の場合）。減額割合は80％